EdSens

Éducation et sensibilisation à la vie affective

CONFORME AUX RECOMMANDATIONS NATIONALES ET INTERNATIONALES

Élémentaire

Programme complet

par Sébastien Brochot

EdSens.fr

Sébastien Brochot © 2022.
Tous droits réservés. Toute reproduction interdite sans l'autorisation explicite de l'auteur.
EdSens® est une marque déposée, tous droits réservés.

Sommaire

Sommaire	2
Un cahier pour les intervenants du primaire	5
Intervenir en éducation affective, relationnelle et sexuelle	6
Les thématiques	10
Séances pour le Cour Préparatoire (CP)	13
Séances pour le Cours Élémentaire 1re année (CE1)	43
Séances pour le Cours Élémentaire 2e année (CE2)	73
Séances pour le Cours Moyen 1re année (CM1)	103
Séances pour le Cours Moyen 2e année (CM2)	133
Les ressources pédagogiques	192
Les crédits et partenaires	193

Vous repérez une erreur, une faute ? Vous souhaitez faire une suggestion ?
N'hésitez pas à nous le dire via le formulaire dédié disponible sur **edsens.fr**.

Un immense merci aux professionnels pour leur relecture et leurs commentaires constructifs.

Intervenir en éducation affective, relationnelle et sexuelle

– Qui et quoi ?

L'éducation à la vie affective permet aux enfants et aux adolescents de grandir sereinement, en ayant une image positive d'eux-mêmes et des autres, de mieux gérer leurs relations avec les autres (famille, amis, etc.), et de mieux comprendre la société au sein de laquelle ils grandissent.

Les intervenants en éducation à la vie affective sont de préférence des professionnels de l'enfance, de l'éducation, de la santé ou du social formés à ce type d'intervention. Parents ou non, jeunes ou moins jeunes, femmes ou hommes, on peut être compétent à partir du moment où les enjeux et les objectifs sont clairs.

Il est important de se questionner sur ses propres difficultés avant d'investir le champ de l'éducation à la vie affective. Aussi, les personnes se sentant trop fragiles ou trop investies émotionnellement (souvenirs douloureux de sa propre enfance, envie de sauver le monde entier, etc.) auront tout intérêt à prendre le temps de faire un travail personnel, d'introspection, par exemple en consultant un thérapeute (psychologue clinicien, psychiatre, psychothérapeute, etc.) avant de se lancer dans cette aventure.

Avant d'intervenir sur ce thème sensible, assurez-vous :

- d'être assez informé et formé sur le sujet

- d'être accompagné (si ce n'est pendant les séances, au moins sur leur préparation)

- d'avoir présenté aux parents la forme et le contenu des interventions

- de pouvoir pérenniser ces actions afin que tous les enfants d'une même classe d'âge entendent régulièrement des messages de prévention cohérents et complémentaires

- qu'un suivi est assuré par l'équipe éducative (formée à repérer et signaler les situations préoccupantes)

- de pouvoir vous appuyer sur un groupe de pratique pour faire le bilan de vos interventions

La plupart des séances impliquent l'utilisation de supports. Les images sont déjà incluses dans ce livre, mais vous pouvez également les télécharger pour les imprimer sur feuilles volantes ou les projeter sur un écran.

Les autres supports (sons, vidéos, etc.) sont disponibles sur le site internet **edsens.fr**.

Le code de téléchargement est disponible en fin d'ouvrage (page « Supports »).

Chaque groupe de séances est suivi d'une page de « Notes » à remplir avec vos commentaires sur les interventions effectuées.

Les séances d'**éducation à la vie affective** ne se substituent pas aux contenus déjà intégrés aux programmes scolaires, notamment en **sciences de la vie et de la Terre** et en **enseignement moral et civique**.

Elles viennent en supplément ou en complément des apports proposés dans ces matières.

Programme **EdSens**

Éducation et sensibilisation
à la vie affective

en **maternelle** et en **élémentaire**

Cahier de l'intervenant

UN CAHIER POUR LES INTERVENANTS
DU PRIMAIRE (MATERNELLE ET ÉLÉMENTAIRE)

Intervenir sur une thématique aussi complexe que l'éducation à la vie affective nécessite une bonne préparation et un accompagnement.

Pour vous aider à la mise en place de ces séances, nous avons édité un *Cahier de l'intervenant*, dont nous vous conseillons vivement la lecture. Il est disponible sur le site **edsens.fr**.

Ce cahier propose des informations essentielles à la mise en place des interventions : préparation des séances, connaissances historiques, recommandations de l'Éducation Nationale et des instances internationales, enjeux et principes éthiques, étapes du développement de l'enfant par classe d'âge, connaissances sur l'impact des séances, réflexion et conseils sur la posture éducative et le lien à l'enfant.

Ce cahier propose également des conseils et des informations indispensables à la gestion des situations complexes : liens avec les parents et avec l'équipe éducative, obligations légales, repérage et signalement des mineurs en danger, etc.

Afin de vous aider à y voir plus clair, un *Questionnaire de l'intervenant* y a également trouvé sa place. Il vous invite à une prise de conscience de vos propres représentations et de vos limites sur le sujet.

Et si ce cahier ne vous apporte pas toutes les réponses attendues, vous trouverez des ressources complémentaires sur le site **edsens.fr**.

Bonnes séances !

La plupart des séances impliquent l'utilisation de supports. Les images sont déjà incluses dans ce livre, mais vous pouvez également les télécharger pour les imprimer sur feuilles volantes ou les projeter sur un écran.

Les autres supports (sons, vidéos, etc.) sont disponibles sur le site internet **edsens.fr**.

Le code de téléchargement est disponible en fin d'ouvrage (page « Supports »).

Chaque groupe de séances est suivi d'une page de « Notes » à remplir avec vos commentaires sur les interventions effectuées.

Les séances d'**éducation à la vie affective** ne se substituent pas aux contenus déjà intégrés aux programmes scolaires, notamment en **sciences de la vie et de la Terre** et en **enseignement moral et civique**.

Elles viennent en supplément ou en complément des apports proposés dans ces matières.

Programme **EdSens**®

Éducation et sensibilisation à la vie affective

en **maternelle** et en **élémentaire**

Cahier de l'intervenant

bonheur.fr

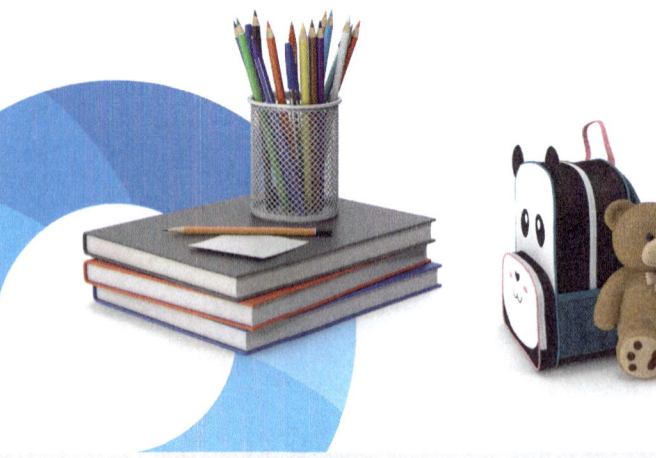

UN CAHIER POUR LES INTERVENANTS DU PRIMAIRE (MATERNELLE ET ÉLÉMENTAIRE)

Intervenir sur une thématique aussi complexe que l'éducation à la vie affective nécessite une bonne préparation et un accompagnement.

Pour vous aider à la mise en place de ces séances, nous avons édité un *Cahier de l'intervenant*, dont nous vous conseillons vivement la lecture. Il est disponible sur le site **edsens.fr**.

Ce cahier propose des informations essentielles à la mise en place des interventions : préparation des séances, connaissances historiques, recommandations de l'Éducation Nationale et des instances internationales, enjeux et principes éthiques, étapes du développement de l'enfant par classe d'âge, connaissances sur l'impact des séances, réflexion et conseils sur la posture éducative et le lien à l'enfant.

Ce cahier propose également des conseils et des informations indispensables à la gestion des situations complexes : liens avec les parents et avec l'équipe éducative, obligations légales, repérage et signalement des mineurs en danger, etc.

Afin de vous aider à y voir plus clair, un *Questionnaire de l'intervenant* y a également trouvé sa place. Il vous invite à une prise de conscience de vos propres représentations et de vos limites sur le sujet.

Et si ce cahier ne vous apporte pas toutes les réponses attendues, vous trouverez des ressources complémentaires sur le site **edsens.fr**.

Bonnes séances !

Intervenir en éducation affective, relationnelle et sexuelle

– Qui et quoi ?

L'éducation à la vie affective permet aux enfants et aux adolescents de grandir sereinement, en ayant une image positive d'eux-mêmes et des autres, de mieux gérer leurs relations avec les autres (famille, amis, etc.), et de mieux comprendre la société au sein de laquelle ils grandissent.

Les intervenants en éducation à la vie affective sont de préférence des professionnels de l'enfance, de l'éducation, de la santé ou du social formés à ce type d'intervention. Parents ou non, jeunes ou moins jeunes, femmes ou hommes, on peut être compétent à partir du moment où les enjeux et les objectifs sont clairs.

Il est important de se questionner sur ses propres difficultés avant d'investir le champ de l'éducation à la vie affective. Aussi, les personnes se sentant trop fragiles ou trop investies émotionnellement (souvenirs douloureux de sa propre enfance, envie de sauver le monde entier, etc.) auront tout intérêt à prendre le temps de faire un travail personnel, d'introspection, par exemple en consultant un thérapeute (psychologue clinicien, psychiatre, psychothérapeute, etc.) avant de se lancer dans cette aventure.

Avant d'intervenir sur ce thème sensible, assurez-vous :

- d'être assez informé et formé sur le sujet

- d'être accompagné (si ce n'est pendant les séances, au moins sur leur préparation)

- d'avoir présenté aux parents la forme et le contenu des interventions

- de pouvoir pérenniser ces actions afin que tous les enfants d'une même classe d'âge entendent régulièrement des messages de prévention cohérents et complémentaires

- qu'un suivi est assuré par l'équipe éducative (formée à repérer et signaler les situations préoccupantes)

- de pouvoir vous appuyer sur un groupe de pratique pour faire le bilan de vos interventions

– Pour qui ?

Dans ce livre, vous trouverez des séances et les supports des séances adaptés aux enfants d'élémentaire :

CYCLE 2

COURS PRÉPARATOIRE (CP)
COURS ÉLÉMENTAIRE 1RE ANNÉE (CE1)
COURS ÉLÉMENTAIRE 2E ANNÉE (CE2)

CYCLE 3

COURS MOYEN 1RE ANNÉE (CM1)
COURS MOYEN 2E ANNÉE (CM2)

Nous proposons dans cet ouvrage sept séances par niveau, parfois assez similaires d'une année à l'autre, la répétition étant nécessaire à l'intégration de certaines notions.

Dans la pratique, sauf exception, vous pouvez proposer les séances d'un même niveau dans le désordre.

Il est évidemment bénéfique pour les enfants de proposer un plus grand nombre de séances, tant que leur contenu est adapté à l'âge et au niveau de développement des participants. Chaque séance peut être donnée plusieurs fois aux mêmes enfants au cours de l'année, en utilisant par exemple les variantes proposées.

INTERVENTIONS EN ÉLÉMENTAIRE

	Cycle 2			Cycle 3	
	CP	**CE1**	**CE2**	**CM1**	**CM2**
Séance 1	Verbaliser ses ressentis ✋	Communiquer sans violence 🎭	Connaître les émotions 🎭	Connaître les sentiments 💬	Communiquer sans violence 💬
Séance 2	Similarités et différences 💬	Les goûts ✋	Les envies 🎭	Les rôles dans la famille 💬	Les rôles dans la société 💬
Séance 3	Le corps, la nudité ✋	Mon corps, ton corps 💬	Les parties du corps, les bébés ✋	Mon espace, ton espace 💬	La puberté 💬
Séance 4	Ma famille, mes amis ✋	Ce que j'aime 💬	L'amour, le couple 💬	Le sentiment amoureux 💬	Verbaliser ses sentiments 💬
Séance 5	Autorisé, interdit : pourquoi ? 💬	Autorisé, interdit : pourquoi ? 💬	Autorisé, interdit : pourquoi ? 💬	Les droits et les devoirs 💬	La loi et ses limites ✅
Séance 6	Chez moi, chez toi ✋	Chez moi, mon espace 💬	Les écrans 💬	L'intimité, Internet ✋	L'amitié, les réseaux sociaux ✋
Séance 7	Savoir dire oui, savoir dire non 🎭	Le monde dans lequel je grandis ✋	Ce qui est vrai, ce qui est faux ✅	Se présenter aux autres ✋	Ce qui est vrai, ce qui est faux ✅
Durée / séance	20 à 30 minutes	30 à 45 minutes	30 à 45 minutes	30 à 45 minutes	30 à 45 minutes

Légende :

 Intelligence émotionnelle |  Stéréotypes et représentations |  Connaissances | Affirmation de soi et altérité | Compréhension de la loi

✋ Activité manuelle   💬 Discussion   🎭 Jeu de rôle   🖥 Média   ✅ Quiz

Les thématiques

Nous avons classé les séances en cinq grandes thématiques :

– Intelligence émotionnelle

Théorisée dans les années 1990 par des psychologues, **l'intelligence émotionnelle regroupe les capacités de compréhension et de maîtrise des émotions**. Plus concrètement :

- la conscience de soi : la capacité d'être conscient de ses propres sentiments et d'utiliser autant que possible son instinct dans la prise de décisions (cela implique d'apprendre à se connaître soi-même et d'avoir confiance en soi),
- la maîtrise de soi : la capacité à savoir gérer ses émotions pour ne pas se laisser submerger par celles-ci,
- la motivation : être conscient de ses envies et de ses ambitions afin d'avoir des objectifs, même dans les moments difficiles (contrariété, déceptions, imprévus, frustrations),
- l'empathie : la capacité à recevoir et comprendre les sentiments d'autrui, en se mettant à la place de l'autre,
- l'altérité : les aptitudes et la capacité à entrer en relation avec les autres, à interagir sans véhémence et à utiliser ses aptitudes pour faire passer ses idées en douceur, à régler des situations conflictuelles et à coopérer.

– Stéréotypes et représentations

Pour mieux comprendre son environnement, il est normal de construire des représentations et d'utiliser celles-ci pour régler sa conduite. Il est cependant nécessaire d'en prendre conscience afin d'**éviter les stéréotypes et préjugés à l'origine de comportements violents** (rejet, humiliation, harcèlement, agression).

Parmi ces représentations sociales, catégorisations, stéréotypes et préjugés, celles qui renvoient au genre (fille, garçon) ou aux origines des individus (couleur de peau, accent, religion, etc.) sont parfois présentes dès la toute petite enfance.

– Connaissances

Les enfants se posent de nombreuses questions sur leurs origines (conception, grossesse, naissance). Il est important de leur **apporter des réponses adaptées à leur niveau de développement**. Les informations apportées leur permettent de mieux comprendre leur environnement et leur place au sein de leur famille.

– Affirmation de soi et altérité

Tout au long de leur scolarité, les enfants et les adolescents voient leur corps se transformer, développant de nouvelles compétences tout en perdant certains privilèges, et devant gérer de nouvelles frustrations et affronter de nouvelles situations. L'enjeu de cette thématique est de **favoriser une image positive de soi et des autres**, par une réflexion sur ses normes et ses valeurs, notamment l'intimité (nudité) et la mise en scène de soi et des autres (réseaux sociaux).

– Compréhension de la loi

Afin de vivre ensemble à l'école, en famille ou ailleurs, il faut **savoir ce qui est permis et ce qui ne l'est pas**. Il est également important de comprendre que les règles varient en fonction des lieux, des moments et des personnes. Les règles familiales étant souvent différentes d'un foyer à l'autre, il est nécessaire d'apporter aux enfants un cadre clair et rassurant.

La plupart des séances impliquent l'utilisation de supports. Les images sont déjà incluses dans ce livre, mais vous pouvez également les télécharger si vous souhaitez les imprimer.

Les autres supports (sons, vidéos, etc.) sont tous disponibles sur le site internet **edsens.fr**.

CP 1

Déroulé

1. Les enfants sont assis, placés en cercle autour des objets déposés au centre. Chaque enfant tient un objet qu'il a apporté.
2. À tour de rôle, chaque enfant se lève, va au centre du cercle pour présenter son objet aux autres, et tenter de décrire ce qu'il ressent lorsqu'il le touche.
3. Il ramasse ensuite un objet de son choix ou désigné par l'adulte, parmi les objets posés au centre du cercle.
4. L'enfant décrit ce qu'il ressent.

Pour aider, questionnez et utilisez les trois visages

Vous pouvez demander aux enfants en difficulté de désigner l'un des trois visages « émotion » en fonction de ce qu'il ressent : « agréable », « désagréable », ou « ne sais pas ».

Vous pouvez également questionner :
- Est-ce que c'est chaud ou froid ? Doux ou dur ?
- Est-ce que ça sent bon ou mauvais ?
- Est-ce que c'est agréable ou désagréable ?

Dans un second temps, les enfants sont invités à dire quelles autres matières de leur quotidien ils prennent du plaisir à toucher.

Exemples de réponses attendues :
- *La peau ou les cheveux d'une personne*
- *Des bijoux*
- *Le pelage d'un animal*

Séance 1

Verbaliser ses ressentis

INTELLIGENCE ÉMOTIONNELLE

- 20 à 30 minutes
- Activité manuelle

Objectif

➡ Repérer et verbaliser ses ressentis

➡ Savoir gérer ses émotions

➡ Savoir communiquer efficacement

Pensez-y !

Une rencontre ou une réunion d'information avec les parents permet de prépare[r] vos séances, ce qui sera bénéfique à la fois pour les enfants, pour leurs parents, e[t]

Supports à prévoir

- Réunissez 5 à 10 objets dont les textures sont différentes.
  Par exemple : une éponge humide, un morceau de paillasson, une bouteille [au] réfrigérateur, une bouillotte en graines de lin légèrement réchauffée, une po[...]
- Demandez à chaque enfant, en amont, de venir le jour de la séance avec u[n] toucher (peluche, jouet, etc.)
- Imprimer sur des feuilles les 3 visages « émotion » : agréable, neutre, désag[réable]

À prendre en considération

- Le toucher est le premier sens à se développer chez le nourrisson.
- Il n'y a pas de bonne ni de mauvaise réponse.
- De nombreux enfants répondent par mimétisme, en fonction des réponses données par les enfants qui les ont précédés, ce qui est normal.
- Certains enfants ont beaucoup de difficulté à ressentir et à poser des mots sur leurs ressentis. Vous pouvez proposer sans insister, mais **gardez en tête qu'en proposant des réponses, les enfants seront tentés de répondre par l'affirmative pour vous faire plaisir plutôt qu'en cherchant leurs véritables ressentis.**
- Certains enfants se protègent de maltraitances vécues en réprimant leurs ressentis. Soyez à l'écoute et sollicitez des professionnels de santé si nécessaire. En cas de suspicion de maltraitance, n'hésitez jamais à effectuer une information préoccupante, même si vous n'avez pas l'aval de votre hiérarchie.

 Consultez en fin d'ouvrage la fiche d'accompagnement « les émotions, les sentiments et les besoins » pour vous aider à préparer cette séance.

Variantes

- Cette séance peut avoir lieu en extérieur, en invitant les enfants à toucher les matières présentes autour d'eux (tronc, herbe, mousse, goudron, etc.) et à verbaliser leurs ressentis. D'autres sens seront alors sollicités comme la vue (éblouissement par la lumière, obscurité…) ou l'odorat (les parfums de l'herbe, des fleurs…).

Séance 2

Similarités et différences

STÉRÉOTYPES ET REPRÉSENTATIONS

 20 à 30 minutes

 Discussion

Objectif

➡ Prendre conscience de sa propre identité

➡ Savoir communiquer efficacement

➡ Avoir de l'empathie pour les autres

➡ Prévenir les stéréotypes de genre

Pensez-y !

Une rencontre ou une réunion d'information avec les parents peut permettre de les alerter – sans les culpabiliser – sur l'impact négatif que peuvent avoir certains de leurs automatismes sur le développement de leur enfant (commentaires et réactions du type « ça, c'est pour les filles », « les garçons ne font pas ça »…)

Supports à prévoir

- Imprimez une feuille pour chacun des 10 personnages.

Déroulé

1. Présentez les feuilles sur lesquelles sont imprimés les dessins des personnages, et demandez aux enfants de désigner lequel leur ressemble le plus.

2. Proposez aux enfants de repérer les éléments qui leur ressemblent le plus sur chacun des personnages (les cheveux de l'un, les vêtements d'un autre, etc.)

3. Désignez à tour de rôle des enfants pour leur demander de présenter les personnages qui leur ressemblent, en expliquant pourquoi ils pensent que l'un ou l'autre des personnages leur ressemble.

    Exemples de réponses attendues :
    - *Elle parce que c'est une fille, et elle parce qu'elle porte un pantalon, comme moi.*
    - *Ce garçon parce qu'il porte un haut bleu.*

    Pour aider, questionnez

    Même si tu penses qu'aucun personnage ne te ressemble, est-ce qu'il n'y aurait pas quand même une chose, un élément, un vêtement, une coiffure, qui te ferait penser à toi ?

4. Les enfants sont invités à aider leurs camarades à compléter leur description, en faisant un lien entre les personnages.

    Pour aider, questionnez

    Est-ce que [prénom] est une petite fille ou un petit garçon ? Quelle est la couleur de ses cheveux ?

À prendre en considération

- L'objectif de cette séance est de prévenir les stéréotypes de genre (et les moqueries qui peuvent en découler), tout en informant les enfants sur leur identité.
- Un enfant peut prendre pour modèles un ou plusieurs personnages de l'autre genre.
- Si certains enfants présentent une différence unique et notable (couleur de peau, handicap…), vous pouvez profiter de cette activité pour travailler sur cette différence, dans le cas où elle ferait déjà l'objet de commentaires ou de rejet entre enfants, ou afin de prévenir toute forme de stigmatisation.
- Terminez la séance en soulignant les similarités entre les enfants.

 Consultez en fin d'ouvrage la fiche d'accompagnement « le genre et l'homosexualité » pour vous aider à préparer cette séance.

Variantes

- Demandez aux enfants de se regrouper par ressemblance : les petites filles vont d'un côté de la pièce et les petits garçons de l'autre côté. Puis par type de vêtements. Puis par couleur de cheveux. Puis par couleur de haut. Puis par couleur de chaussures, etc.

Séance 3

Le corps, la nudité

CONNAISSANCES

 20 à 30 minutes

 Activité manuelle

Objectif

➡ Avoir une meilleure connaissance de l'anatomie humaine

➡ Savoir poser des questions sur l'intimité

➡ Avoir conscience de soi

Pensez-y !

Une rencontre ou une réunion d'information avec les parents peut prévenir la surprise et le malaise – voire la colère – de certains parents lorsqu'un enfant utilise certains mots appris à l'école pour désigner les zones génitales.

Supports à prévoir

- Imprimez sur un papier épais et découpez les différentes pièces de chacun des deux puzzles « corps humain enfant » proposés dans cet ouvrage. Vous pouvez coller les pièces sur du carton plume pour les épaissir et faciliter leur prise en main.
- Imprimez ou projetez les différents décors.

Déroulé

1. En groupe-classe avec deux puzzles (un de chaque genre) ou en petits groupes (un des deux puzzles), les enfants sont invités à reconstituer le puzzle du corps humain d'un enfant d'environ 9 ans.
2. Les enfants sont ensuite invités à nommer chaque partie du corps en les désignant.

   Exemples de réponses attendues :
   - *Le bras.*
   - *La tête.*
   - *Le pénis, la vulve.*

   Pour aider, questionnez

   Où se trouve la tête du petit garçon ?
   Quelle est la couleur de ses cheveux ?
   Quelle est la couleur des yeux de la petite fille ?

3. Les enfants sont ensuite invités à faire le lien entre les pièces du puzzle et leur propre corps. L'adulte désigne une pièce du puzzle, et les enfants doivent montrer la partie de leur corps correspondant.

4. Demandez aux enfants quand dans quels lieux on peut se retrouver nus, sans aucun vêtement. Vous pouvez utiliser les décors pour les questionner.

   Pour aider, questionnez

   Est-ce qu'on peut être tout nu dans une salle de bain ?
   Est-ce qu'on peut être tout nu à l'école ?
   Est-ce qu'on peut être tout nu à la piscine ?
   Est-ce qu'on peut être tout nu dans la rue ?

À prendre en considération

- Nommer les parties génitales est souvent difficile pour les adultes. Il [...] ces parties-là du corps comme vous le faites pour les autres parties [...] particulièrement ni transmettre aux enfants votre éventuelle gêne. Vous [...] mots proposés par les enfants (« zizi », « zézette », etc.) puis **leur proposer [...] qu'ils les connaissent** : « sexe » pour les deux enfants, « pénis » pour les [...] pour les filles (et non « vagin », qui correspond à la partie interne et donc n[...] l'extérieur du corps).

- Dans l'excitation, certains enfants peuvent être tentés de montrer leurs parties [...] tout le groupe. Rappelez avec bienveillance le cadre, et les gestes autorisés et [...] l'école.

- Il est important que les enfants comprennent que, s'il y a des différences entre les individus (longueur des cheveux, couleur des yeux, certains handicaps physiques, etc.), il n'y a en revanche qu'une seule chose qui distingue les filles des garçons : l'appareil génital.

- Si vous ressentez une gêne des enfants lorsque vous abordez certaines parties du corps, surtout les zones génitales (mais pas uniquement), restez en alerte afin de comprendre le sens de ce malaise, et sollicitez des professionnels de santé si nécessaire. En cas de suspicion de maltraitance, n'hésitez jamais à effectuer une information préoccupante, même si vous n'avez pas l'aval de votre hiérarchie.

- La partie sur la nudité permet de repérer l'intégration par les enfants des interdits liés à la pudeur. C'est une opportunité pour rappeler les lieux dans lesquels il n'est pas convenable d'être nus, de montrer ses parties génitales. Il ne s'agit absolument pas de transmettre une honte liée à la nudité ni de condamner les jeux de découverte entre enfants. L'objectif est de proposer un cadre rassurant tout en distinguant les codes culturels spécifiques (familiaux) et les codes culturels partagés (même si chez toi tu as le droit d'être tout nu dans le salon, habituellement, on ne se met pas tout nu dans un salon).

Variantes

- Il est possible de proposer cette séance en groupe-classe, en imprimant des pièces géantes (par exemple chacune sur un papier au format A3) et en reconstituant le puzzle directement au sol.

CP
4

Séance 4

Ma famille, mes amis

AFFIRMATION DE SOI ET ALTÉRITÉ

 20 à 30 minutes

 Activité manuelle

Objectif

➡ Avoir conscience de soi

➡ Comprendre sa place dans la société

➡ Avoir une pensée créative

➡ Avoir une pensée critique

Pensez-y !

Une rencontre ou une réunion d'information avec les parents permet de les rassurer sur leur mission éducative. Il est important qu'ils comprennent par exemple que l'adulte doit répondre de façon équilibrée à la demande d'affection de l'enfant, sans renverser les rôles (l'enfant n'est pas là pour répondre aux besoins affectifs de l'adulte).

Supports à prévoir

- Feuilles et feutres ou crayons de papier.
- Un miroir qui peut circuler de main en main (incassable et léger).

Déroulé

1. Demandez aux enfants de dessiner leur famille, sans oublier de se dessiner eux-mêmes ni leurs animaux domestiques, s'ils en ont.

2. Chaque enfant est ensuite invité à présenter les membres de son foyer (si possible, en donnant les prénoms) et en donnant une particularité de cette personne (habitude, goût, qualité, défaut…).

   Exemples de réponses attendues :
   - *C'est mon appartement. C'est papa, maman, ma sœur, mon frère…*
   - *C'est ma sœur Candice, elle aime le foot et la pizza au fromage.*
   - *C'est mon chien Waf, il aime son tapis et les caresses derrière les oreilles.*

   Pour aider, questionnez

   Tu habites dans une maison ou un appartement ?

   Est-ce que tu connais le prénom de ton papy ?

   Comment elle est, ta sœur ? Qu'est-ce qu'elle aime faire ?

   Est-ce que ton doudou est un membre de ta famille ? Il est très important pour toi, mais je ne crois pas que ce soit un membre de ta famille.

   Tu as mis un éléphant dans ta maison, mais tu n'as pas vraiment un éléphant ? Je voudrais voir les personnes et les animaux qui vivent vraiment chez toi, pas ceux que tu aimerais avoir.

3. Chaque enfant est enfin invité à se regarder dans un miroir, bien dans les yeux, et à dire au moins une chose qu'il aime de lui (une qualité).
   Aidez les enfants en difficulté pour se trouver des qualités en demandant l'aide des autres enfants et en proposant vos propres observations.

   Pour aider, questionnez

   Cherche bien. Je t'ai fait un compliment hier, est-ce que tu te souviens de ce que je t'ai dit ?

À prendre en considération

- L'objectif est d'avoir un aperçu aussi réaliste que possible de leur foyer. Il est cependant habituel que les enfants de cet âge aient des difficultés à repérer les âges et les places des membres du foyer.
- Si la situation se présente, vous pouvez demander aux enfants de différencier les membres de la famille des autres membres du foyer. Il est là encore habituel qu'ils aient des difficultés à savoir qui fait partie de la famille et qui n'en fait pas partie (nounou, ami des parents hébergé, etc.).
- Prenez en compte les enfants vivant avec un seul parent, en foyer ou placés en famille d'accueil, et les enfants vivant en garde alternée. Si le temps le permet, il est conseillé de créer un dessin pour chaque foyer où l'enfant vit.
- Si un membre de la famille est à l'étranger, hospitalisé ou emprisonné, vous pouvez prévoir une seconde feuille représentant ce pays ou ce bâtiment, afin de concrétiser la place de ce membre temporairement éloigné du foyer.
- Les enfants de la classe vivant au sein d'un même foyer peuvent, s'ils le souhaitent, travailler ensemble.
- Ne minimisez pas la place des animaux domestiques.
- Il n'est pas forcément utile à cet âge de faire preuve d'une discrétion particulière (informations partagées avec l'ensemble de la classe), mais si vous pensez que certaines informations sont sensibles (séparation, décès, placement...), il vous revient d'accompagner avec bienveillance les enfants chez qui cette activité pourrait réveiller des ressentis douloureux.
- La dernière étape permet aux enfants de construire une image positive d'eux-mêmes et de prendre conscience de leur qualité, comme de leurs défauts. Il est important que chaque enfant puisse trouver, si possible de lui-même, au moins un aspect positif de sa personne. Cette étape doit se dérouler dans un environnement positif et serein, sans moquerie ni stigmatisation entre enfants ni autodénigrement.

Variantes

- Vous pouvez utiliser une photographie (portrait) de chaque enfant pour la dernière partie de la séance, si vous sentez que le miroir déstabilise trop les enfants les plus fragiles.

CP 5

Séance 5

Autorisé, interdit : pourquoi ?

COMPRÉHENSION DE LA LOI

 20 à 30 minutes

 Discussion

Objectif

➡ Connaître les principales règles applicables en fonction des espaces, des moments et des âges

➡ Avoir une pensée critique

➡ Être capable de gérer sa frustration

➡ Savoir communiquer efficacement

➡ Être capable de demander de l'aide

Pensez-y !

Une rencontre ou une réunion d'information avec les parents permet d'informer les parents sur les différentes règles qui s'appliquent à l'école. C'est également l'occasion d'être informé des règles qui s'appliquent au domicile de l'enfant (heure du coucher, utilisation des écrans, etc.), qui peuvent avoir un impact sur la santé et le développement des enfants auprès desquels vous intervenez.

Supports à prévoir

- Une liste des règles qui s'appliquent à l'école, rédigée par vos soins.

Déroulé

1. Demandez aux enfants de vous citer des choses qu'il est autorisé de faire, et ce qu'il est interdit de faire dans la classe.

2. Demandez aux enfants d'expliquer pourquoi c'est interdit.

   Exemples de réponses attendues :
   - *Taper les autres, parce que ça fait mal et on peut se blesser.*
   - *Voler les jouets, parce qu'on ne peut pas prendre sans demander des objets qui ne nous appartiennent pas.*
   - *Tirer les cheveux parce que ça fait mal.*

   Pour aider, questionnez

   Est-ce qu'il y a des choses que vous n'avez pas le droit de faire dans la classe ? Pourquoi ?

À prendre en considération

- N'hésitez jamais à énoncer une règle parce qu'elle vous semblerait trop évidente.
- Les enfants de cet âge peuvent avoir des difficultés à expliquer le sens des interdits. Adaptez votre discours à leur capacité de compréhension.
- Vous pouvez proposer des exemples déconcertants : « est-ce que vous avez le droit de marcher tout nus dans la rue ? De faire pipi dans la classe ? De venir avec un chameau à l'école ? » et demandez-leur à quoi servent ces interdits.
- Il est primordial de citer les actions autorisées. Si possible, la liste des choses autorisées devrait être un peu plus longue que celle des choses interdites, afin que les enfants réalisent qu'il y a beaucoup plus d'actions autorisées que d'actions interdites, à l'école comme ailleurs.
- Certaines règles peuvent faire l'objet d'un débat, et vous-même pouvez être en difficulté pour savoir si telle ou telle situation est acceptable ou ne l'est pas, en fonction de la situation (la saison, l'heure, les personnes présentes, etc.).

Variantes

- Avec un groupe dissipé, vous pouvez citer des règles à l'oral, l'une après l'autre, en demandant aux enfants de lever une feuille verte ou une feuille rouge pour signifier si l'action est autorisée ou interdite. Vous désignerez alors des enfants pour expliquer le sens de leur réponse.

CP 6

Séance 6

Chez moi, chez toi

AFFIRMATION DE SOI ET ALTÉRITÉ

 20 à 30 minutes

 Activité manuelle

Objectif

➡ Avoir conscience de soi

➡ Comprendre sa place dans sa famille

➡ Avoir une pensée critique sur les différents fonctionnements familiaux

➡ Avoir de l'empathie pour les autres

➡ Repérer les recours disponibles en cas de besoin

➡ Savoir demander de l'aide

Supports à prévoir

- Imprimez les personnages ou prévoyez de les projeter sur écran.
- Prenez des photos des lieux et personnes ressources (l'infirmerie de l'école, les personnels de santé et d'action sociale, le commissariat le plus proche…).

Déroulé

1. Demandez aux enfants de se mettre en binôme et de trouver trois différences dans les règles établies au sein de leurs domiciles respectifs.

   Pour aider, questionnez

   Est-ce qu'il y a quelque chose que tu as le droit de faire chez toi, et que [enfant binôme] n'a pas le droit de faire chez elle/lui ? Et le contraire ?

2. Demandez aux enfants à qui ils peuvent demander de l'aide s'ils pensent qu'une règle n'est pas juste et qu'elle leur fait du mal.

   Utilisez pour cela les dessins proposés en les distribuant ou en les projetant sur écran.

   Vous pouvez utiliser des dessins ou des photographies pour les aider à visualiser les lieux et les personnes-ressources (commissariat de police ou de gendarmerie, policier ou gendarme en uniforme, médecin de famille, pompier, sans oublier les adultes référent de l'établissement : vous, vos collègues, les intervenants sociaux, etc.)

À prendre en considération

- L'enjeu de cette séance n'est pas de discréditer les parents, mais de permettre aux enfants de prendre conscience des différents fonctionnements familiaux. Pour vous, cette séance peut vous permettre de repérer les enfants en danger, victimes de maltraitances ou qui risquent de l'être.
- Vous pouvez profiter de cette séance pour aborder le thème des Droits des enfants. L'Éducation nationale propose des contenus dédiés, certains développés avec l'Unicef.
  Le site *defenseurdesdroits.fr* propose également des contenus.
- Profitez de cette séance pour présenter rapidement le dispositif 119, en apposant par exemple une affiche dans la classe.

Variantes

- Il est possible de demander aux enfants de dessiner les personnes à qui ils pourraient demander de l'aide, avant de leur proposer des personnes-ressources, afin de les inviter à trouver des solutions par eux-mêmes.
- Vous pouvez profiter de cette séance pour mettre en place un jeu de rôle afin d'aider les enfants à apprendre à demander de l'aide à un adulte (vous, un policier, un médecin, etc.).
  Exemple de situation : un enfant doit vous confier qu'un enfant de la classe se fait embêter par des plus grands dans la cour.
  Procédez par étapes, évitez de proposer des situations trop anxiogènes trop rapidement.

CP 7

CP

Séance 7

Savoir dire oui, savoir dire non

AFFIRMATION DE SOI ET ALTÉRITÉ

⏱ 20 à 30 minutes

🎭 Jeu de rôle

Objectifs

➡ Savoir prendre des décisions

➡ Avoir une pensée critique

➡ Savoir communiquer efficacement

➡ Être habile dans ses relations

➡ Avoir conscience de soi

➡ Avoir de l'empathie pour les autres

Pensez-y !

Une rencontre ou une réunion d'information avec les parents permet de les préparer aux réactions que leur enfant pourrait avoir à la suite de cette séance, comme la possibilité qu'un enfant rejette un parent souhaitant lui faire un câlin.

Supports à prévoir

- Si vous le souhaitez, vous pouvez préparer à l'avance des papiers sur lesquels figurent les situations à jouer, que vous aurez inventées.

Élémentaire – Programme complet

Déroulé

1. Expliquez aux enfants que l'objectif de cette séance est de les aider à trouver les bons mots lorsqu'ils se retrouvent dans des situations compliquées. Pour chaque situation, les personnages sont joués par des enfants de la classe. Si possible, chaque enfant doit participer au moins une fois.

   C'est à vous de décider :
   – si vous présentez à voix haute une situation et attendez que des enfants soient volontaires pour jouer la saynète ;
   – si vous préparez des petits papiers avec les saynètes et faites tirer au sort les enfants ;
   – si vous décidez vous-même des enfants qui jouent des situations spécifiques.

   Propositions de saynètes

   Ta petite sœur veut jouer avec toi, mais tu n'as pas envie. Tu dois lui dire gentiment.

   Ton ami a répété un secret que tu lui avais confié et cela t'a fait de la peine. Tu dois lui expliquer ce que tu ressens.

   Ta cousine a perdu son doudou et elle aimerait prendre le tien. À toi de décider si tu veux lui prêter ou pas, et à quelles conditions.

   Tu aimerais lire tranquillement, mais ta grande sœur insiste pour que tu viennes jouer avec elle dehors.

   Tu n'aimes pas quand ton grand-père te fait des bisous, parce que ça pique. Tu dois lui dire, mais tu as peur que ça lui fasse de la peine.

   Le boulanger ne t'a pas rendu la monnaie. Tu dois la lui réclamer.

   Des grands t'embêtent dans la rue. Tu dois demander de l'aide à un passant.

   Tu surprends ton cousin en train de voler de l'argent. Tu dois en parler à un adulte.

2. Lorsque les enfants ne savent pas comment gérer une situation, les autres enfants les aident en proposant des actions ou des mots adaptés.

À prendre en considération

- L'enjeu principal de cette séance est de permettre aux enfants d'améliorer leurs capacités à répondre à une situation complexe.
- Les saynètes peuvent durer 15 ou 30 secondes, mais il est possible de les reprendre avec les mêmes enfants ou avec d'autres, en proposant des alternatives : « est-ce que parmi vous quelqu'un aurait fait autre chose / aurait dit cela autrement ? ».
- Prenez le temps nécessaire pour aider les enfants les plus en difficulté, en vous assurant que le climat est bienveillant.
- Cette séance est une nouvelle occasion de rappeler aux enfants que vous pouvez leur apporter de l'aide si quelque chose ne va pas, par exemple à la maison, si on leur fait du mal ou qu'ils ont peur de quelqu'un.

Variantes

- Vous pouvez demander aux enfants de proposer des situations à partir de leurs propres expériences : « essayez de vous souvenir d'un moment où vous n'avez pas osé dire quelque chose à un autre enfant ou à un adulte, peut-être parce que vous aviez peur de lui faire de la peine ».

Notes

CE1

1

Séance 1

Communiquer sans violence

INTELLIGENCE ÉMOTIONNELLE

- 30 à 45 minutes
- Jeu de rôle

Objectifs

➡ Repérer et verbaliser ses ressentis

➡ Savoir gérer ses émotions

➡ Savoir communiquer efficacement

Supports à prévoir

- Si vous le souhaitez, vous pouvez préparer à l'avance des papiers sur lesquels figureront les situations à jouer, que vous aurez inventées.

Déroulé

1. Lors de cet exercice, les enfants sont invités à jouer des saynètes à partir d'un thème donné. Il n'y a pas de bonne ou de mauvaise réponse. Ils doivent répondre à la situation en fonction de ce qu'ils ressentent, en exprimant leurs ressentis.

   La seule obligation : échanger sans violence verbale ou physique (on ne menace pas, on ne gronde pas, on ne tape pas, etc.).

   Pour chaque situation, les personnages sont joués par des enfants de la classe. Si possible, chaque enfant doit participer au moins une fois.

   C'est à vous de décider :
   – si vous présentez à voix haute une situation et attendez que des enfants soient volontaires pour jouer la saynète ;
   – si vous préparez des petits papiers avec les saynètes et faites tirer au sort les enfants ;
   – si vous décidez vous-même des enfants qui jouent des situations spécifiques.

   Propositions de saynètes

   On t'offre le plus beau cadeau du monde !

   Quelqu'un que tu aimes a cassé ton jouet préféré.

   Tu as cassé le téléphone de ton papa et tu dois lui dire.

   Tes parents annoncent que pour les prochaines vacances, vous allez partir en voyage sur la Lune.

   Ton meilleur ami a plein de bonbons, mais il refuse de partager avec toi.

   Dans la cour, une grande de CM2 t'accuse d'avoir abimé son ballon, mais ce n'est pas vrai. Tu essaies de te défendre.

   Ta grande cousine n'arrête pas de te serrer dans ses bras et de vouloir te prendre sur ses genoux, mais tu n'aimes pas ça parce qu'elle ne sent pas très bon.

2. Lorsque les enfants ne savent pas comment gérer une situation, les autres enfants les aident en proposant des actions ou des mots adaptés.

À prendre en considération

- L'enjeu principal de cette séance est de permettre aux enfants d'améliorer leurs capacités à verbaliser leurs ressentis.
- Il ne s'agit pas de présenter la colère comme une mauvaise émotion, qu'il faudrait étouffer ou dont il faudrait avoir honte, mais d'apprendre aux enfants à contenir leur colère pour qu'elle ne se transforme pas en violence (sauf dans des cas très spécifiques, comme la légitime défense).
- Les saynètes peuvent durer moins d'une minute, mais il est possible de les reprendre avec les mêmes enfants ou avec d'autres, en proposant des alternatives : « est-ce que parmi vous quelqu'un aurait fait autre chose / aurait dit cela autrement ? ».
- Prenez le temps nécessaire pour aider les enfants les plus en difficulté, en vous assurant que le climat est bienveillant.
- Cette séance est une occasion de rappeler aux enfants que vous pouvez leur apporter de l'aide si quelque chose ne va pas, par exemple à la maison, si on leur fait du mal ou qu'ils ont peur de quelqu'un.

✅ **Consultez en fin d'ouvrage la fiche d'accompagnement « les émotions, les sentiments et les besoins » pour vous aider à préparer cette séance.**

Variantes

- Vous pouvez demander aux enfants de proposer des situations à partir de leurs propres expériences : « essayez de vous souvenir d'un moment où vous avez ressenti une émotion très forte, et vous ne saviez pas comment dire ce que vous ressentiez ».

CE1 2

Séance 2

Les goûts

STÉRÉOTYPES ET REPRÉSENTATIONS

⏱ 30 à 45 minutes

✋ Activité manuelle

Objectif

➡ Prendre conscience de sa propre identité

➡ Savoir communiquer efficacement

➡ Avoir de l'empathie pour les autres

➡ Prévenir les stéréotypes de genre

Pensez-y !

Une rencontre ou une réunion d'information avec les parents peut permettre de les alerter – sans les culpabiliser – sur l'impact négatif que peuvent avoir certains de leurs automatismes sur le développement de leur enfant (commentaires et réactions du type « ça, c'est pour les filles », « les garçons ne font pas ça »…)

Supports à prévoir

- Feuilles (trois par enfant), crayons ou feutres.

Déroulé

1. Chaque enfant reçoit trois feuilles.

    Sur la première, ils doivent dessiner plein de choses qu'ils aiment : des personnes, des animaux, des activités, des objets, des aliments, etc.

    Sur la seconde, ils doivent dessiner plein de choses qu'ils détestent : des personnes, des animaux, des activités, des objets, des aliments, etc.

    Sur la troisième, ils doivent dessiner des choses qui sont entre les deux, par exemple des choses qu'ils aiment faire parfois, mais pas à d'autres moments (la pluie, une chanson…), ou des choses dont ils ne savent pas trop s'ils aiment cela ou pas (l'eau pétillante, les manèges de fête foraine…), peut-être par ce que c'est bizarre ou surprenant.

2. Désignez à tour de rôle des enfants pour leur demander de présenter leurs dessins, en leur demandant ce qu'ils ressentent lorsque quelque chose est agréable ou désagréable, ou lorsqu'ils ne savent pas trop si c'est agréable ou désagréable.

Pour aider, questionnez

Qu'est-ce que tu ressens lorsque tu manges un gâteau au chocolat ?

Tu dis que c'est désagréable, qu'est-ce que tu ressens dans ton corps à ce moment-là ?

D'après toi, pourquoi c'est parfois agréable et parfois désagréable ? Tu arrives à le dire quand tu n'aimes pas ?

Tu dis que l'avion, c'est à la fois agréable, mais que ça fait aussi un peu peur. Est-ce que d'autres enfants ont déjà pris l'avion ? Toi aussi, tu as déjà ressenti cela en prenant l'avion ?

À prendre en considération

- Pour faciliter les choses, vous pouvez marquer le coin de chaque feuille avec une couleur ou un signe, pour que les enfants distinguent les trois espaces (exemple : un smiley triste en rouge pour la feuille « désagréable », etc.)
- Le support le plus intéressant est le troisième, le dessin représentant les choses qui laissent l'enfant confus ou partagé.
- Il peut s'agir d'activités, d'objets, de couleurs qui sont connotés « pour filles » ou « pour garçons ». L'enjeu sera alors de rassurer l'enfant sur le fait qu'il n'y a rien de mal à aimer une activité, une couleur ou autre, que l'on soit une fille ou un garçon.
- Il est intéressant de faire des liens entre les enfants : des choses qui reviennent souvent, des choses qui apparaissent à la fois dans les dessins « positifs » et « négatifs » chez d'autres enfants.
- Invitez les enfants à décrire ce qu'ils ressentent physiquement en pensant à une chose agréable, désagréable ou entre les deux.

Variantes

- Avec des enfants ayant des difficultés à se projeter et à faire travailler leur mémoire ou leur imagination, vous pouvez citer des objets ou des activités, qu'ils doivent dessiner sur l'une des trois feuilles.

CE1

3

Séance 3

Mon corps, ton corps

CONNAISSANCES

⏱ 30 à 45 minutes

💬 Discussion

Objectifs

➡ Avoir une meilleure connaissance de l'anatomie humaine

➡ Savoir poser des questions sur l'intimité

➡ Avoir conscience de soi

Pensez-y !

Une rencontre ou une réunion d'information avec les parents peut prévenir la surprise et le malaise – voire la colère – de certains parents lorsqu'un enfant utilise certains mots appris à l'école pour désigner les zones génitales.

Supports à prévoir

Aucun support à prévoir pour cette séance.

Déroulé

1. Répartissez les enfants en binôme.

2. Les enfants doivent s'observer et se trouver dix points communs physiques ou vestimentaires, puis dix différences (couleur des yeux, des cheveux, des vêtements, taille, etc.).

    Exemples de réponses attendues :
    - *On a toutes les deux deux bras.*
    - *On est tous les deux des garçons.*
    - *Il a déjà perdu deux dents de lait et moi aucune.*

3. Deux enfants sont ensuite invités à chercher à quelle distance ils se sentent à l'aise pour se parler. Ils peuvent s'approcher au point de se toucher le nez, et s'éloigner d'un bout à l'autre de la classe.

4. Demandez à chaque binôme de reproduire l'expérience.

5. Demandez aux enfants pourquoi on respecte une certaine distance entre les gens pour se parler. Vous pouvez prendre des exemples concrets : quand on se dit un secret, on parle doucement en étant très proche de l'autre personne, mais quand on est dans un magasin, on reste loin des vendeurs.

À prendre en considération

- Lorsque le point commun est le sexe, vous pouvez leur demander de préciser : on a toutes les deux une vulve, on a tous les deux un pénis. Nommer les parties génitales est souvent difficile pour les adultes. Il est conseillé de nommer ces parties-là du corps comme vous le faites pour les autres parties du corps, sans insister particulièrement ni transmettre aux enfants votre éventuelle gêne. Vous pouvez accepter les mots proposés par les enfants (« zizi », « zézette », etc.) puis **leur proposer d'autres mots, afin qu'ils les connaissent** : « sexe » pour les deux enfants, « pénis » pour les garçons, « vulve » pour les filles (et non « vagin », qui correspond à la partie interne et donc non visible depuis l'extérieur du corps).
- Il est important que les enfants comprennent que, s'il y a des différences entre les individus (longueur des cheveux, couleur des yeux, certains handicaps physiques, etc.), il n'y a en revanche qu'une seule chose qui distingue les filles des garçons : l'appareil génital.
- Si certains enfants présentent une différence unique et notable (couleur de peau, handicap…), vous pouvez profiter de cette activité pour travailler sur cette différence, dans le cas où elle ferait déjà l'objet de commentaires ou de rejet entre enfants, ou afin de prévenir toute forme de stigmatisation.
- Si vous ressentez une gêne des enfants, restez en alerte afin de comprendre le sens de ce malaise, et sollicitez des professionnels de santé si nécessaire. En cas de suspicion de maltraitance, n'hésitez jamais à effectuer une information préoccupante, même si vous n'avez pas l'aval de votre hiérarchie.

Variantes

- Il est possible d'aller dans la cour de l'école pour l'étape 4, afin de tester des distances très grandes.

CE1

4

Séance 4

Ce que j'aime

AFFIRMATION DE SOI ET ALTÉRITÉ

⏱ 30 à 45 minutes

💬 Discussion

Objectif

➡ Avoir conscience de soi

➡ Savoir communiquer efficacement

➡ Avoir de l'empathie pour les autres

➡ Avoir une pensée critique

Pensez-y !

Une rencontre ou une réunion d'information avec les parents permet de les rassurer sur leur mission éducative. Il est important qu'ils comprennent par exemple que l'adulte doit répondre de façon équilibrée à la demande d'affection de l'enfant, sans renverser les rôles (l'enfant n'est pas là pour répondre aux besoins affectifs de l'adulte).

Supports à prévoir

- Un miroir qui peut circuler de main en main (incassable et léger).
- Imprimez les visuels ou prévoyez de les projeter sur écran.

Déroulé

1. Demandez aux enfants de citer les qualités qu'ils aiment chez les autres, et de citer quelqu'un qui a ces qualités (ami, membre de leur famille, héros de fiction, etc.)

    Exemples de réponses attendues :
    - *La gentillesse, l'honnêteté, la force physique, le courage…*
    - *Mon papa, ma maman, Peppa Pig…*

2. Demandez ensuite à chaque enfant de se regarder à tour de rôle dans un miroir, droit dans les yeux, et de dire à voix haute une chose qu'il aime chez lui. Il peut s'agir d'une qualité physique, d'une qualité humaine, d'une action qui l'a rendu fier, ou autre chose, tant que cela est positif et valorisant.

    Chaque enfant se regarde dans les yeux, puis commence sa phrase par :
    « ce que j'aime chez moi, c'est … »

3. À l'aide des visuels, expliquez aux enfants qu'il existe différents types d'amour, ou de façon d'aimer : des gens, des choses, des activités, etc.

4. Expliquez aux enfants les différents types de bisous, en prenant pour exemple les autres cultures. Exemple : « les Américains se disent bonjour en se serrant dans les bras, mais se font rarement la bise », « avant les Russes se disaient bonjour en s'embrassant sur la bouche », « mais dans notre culture, quand il n'y a pas de virus, on se fait une ou plusieurs bises sur les joues pour se dire bonjour ». Précisez le sens des bisous sur la bouche : « habituellement, dans notre pays, ce sont les amoureux qui se font des bisous sur la bouche. »

5. Demandez aux enfants ce qu'ils pourraient faire ou dire lorsqu'ils ne veulent pas embrasser quelqu'un. Expliquez-leur que les règles de politesse obligent à dire bonjour, mais que l'on n'est jamais obligé d'embrasser quelqu'un si on n'en a pas envie.
Les enfants peuvent élaborer leurs propres réponses, et vous pouvez les aider : « on peut serrer la main, ou faire coucou sans se toucher, ou inventer d'autres façons rigolotes de se saluer ».
Les enfants peuvent tester cet exercice en binôme, en cherchant d'autres solutions.

À prendre en considération

- Il est important que chaque enfant ait l'opportunité de se regarder dans le miroir et de se trouver une qualité. Si cet exercice est trop angoissant à faire devant les autres, prenez le temps de le faire avec les enfants individuellement, durant des récréations.

- De nombreux parents embrassent leurs enfants sur la bouche. Cet acte, s'il n'est pas habituellement considéré comme une infraction sexuelle, est cependant problématique, car il peut créer une confusion chez l'enfant, qui risque de mal comprendre les différents types d'amour, les places des uns et des autres, et pourrait ne pas repérer un acte transgressif d'un adolescent ou d'un adulte. Il est primordial de préparer cette séance en amont, en informant les parents du discours qui sera tenu devant leur enfant. Vous pouvez demander l'aide d'un psychologue scolaire ou utiliser des vidéos (voir le lien sur **edsens.fr**) afin d'appuyer vos propos.

- La dernière partie de la séance peut se faire sous forme de mise en situation (jeu de rôle), avec un enfant qui n'aime pas faire la bise et qui se retrouve face à un adulte (que vous pouvez interpréter) qui s'apprête à lui dire bonjour. Les autres enfants peuvent aider le premier à trouver des solutions pour éviter de faire la bise.

- Parmi les manières de se dire bonjour, il y a le *check* américain, ou sa version avec le poing (popularisée durant la pandémie de Covid-19), mais d'autres façons créatives de se saluer sans contact intrusif peuvent être inventées par les enfants, voire faire l'objet d'un nouveau rituel d'accueil le matin.

- Il ne s'agit pas de stigmatiser le contact physique avec les enfants, loin de là, mais de permettre aux enfants de s'opposer à un contact intrusif tout en respectant les règles de politesse, essentielles à l'ordre social.

✅ **Consultez en fin d'ouvrage la fiche d'accompagnement « l'amour » pour vous aider à préparer cette séance.**

Variantes

- La dernière partie peut être jouée dans un premier temps par des poupées, mais il est important qu'à un moment donné les enfants puissent vivre la situation.

CE1

5

Séance 5

Autorisé, interdit : pourquoi ?

COMPRÉHENSION DE LA LOI

⏱ 30 à 45 minutes

💬 Discussion

Objectif

➡ Connaître les principales règles applicables en fonction des espaces, des moments et des âges

➡ Avoir une pensée critique

➡ Être capable de gérer sa frustration

➡ Savoir communiquer efficacement

➡ Être capable de demander de l'aide

Pensez-y !

Une rencontre ou une réunion d'information avec les parents permet d'informer les parents sur les différentes règles qui s'appliquent à l'école. C'est également l'occasion d'être informé des règles qui s'appliquent au domicile de l'enfant (heure du coucher, utilisation des écrans, etc.), qui peuvent avoir un impact sur la santé et le développement des enfants auprès desquels vous intervenez.

Supports à prévoir

- Une liste des règles qui s'appliquent à l'école et ailleurs, rédigée par vos soins.

Déroulé

1. Demandez aux enfants de vous citer des choses qu'il est autorisé de faire, et ce qu'il est interdit de faire à l'école.

2. Demandez aux enfants d'expliquer pourquoi c'est interdit.

   Exemples de réponses attendues :
   - *Taper les autres.*
   - *Insulter.*

   Pour aider, questionnez

   Est-ce qu'il y a autre chose que vous n'avez pas le droit de faire ici ?

   Est-ce qu'il y a des choses que vous n'avez pas le droit de faire dans la classe, mais que vous avez le droit de faire dans la cour ? Pourquoi ?

   Est-ce qu'il y a des choses que vous n'avez pas le droit de faire à l'école, mais que les adultes ont le droit de faire ? Pourquoi ?

3. Demandez aux enfants de vous citer des choses qu'il est interdit de faire à la maison, et d'expliquer pourquoi c'est interdit, et pour qui ces règles s'appliquent.

   Exemples de réponses attendues :
   - *Jouer avec le téléphone de …*
   - *Mettre de l'eau par terre dans la salle de bain.*
   - *Réveiller les autres le matin.*

4. Demandez aux enfants de vous citer des personnes qui font respecter la loi ou qui aident les autres.

   Exemples de réponses attendues :
   - *Les juges, les policiers, les pompiers, les médecins, les infirmiers, etc.*

À prendre en considération

- N'hésitez jamais à énoncer une règle parce qu'elle vous semblerait trop évidente.
- Les enfants de cet âge peuvent avoir des difficultés à expliquer le sens des interdits. Adaptez votre discours à leur capacité de compréhension.
- Vous pouvez proposer des exemples déconcertants : « est-ce que vous avez le droit de venir tous nus à l'école ? De marcher à quatre pattes dans la classe ? »
- La partie de l'intervention sur les règles applicables au domicile des enfants est la plus délicate. C'est lors de ces échanges que les enfants pourront faire des révélations susceptibles de vous déstabiliser. Si un propos vous surprend ou vous choque, ne vous forcez pas à réagir immédiatement, devant toute la classe, si vous ne vous en sentez pas capable. Chaque propos évoquant une situation potentiellement problématique devra faire l'objet d'une information préoccupante. N'hésitez jamais à demander de l'aide à un autre professionnel (collègue, hiérarchie, professionnel de santé, structure spécialisée, etc.).
- Il est primordial de citer les actions autorisées. Si possible, la liste des choses autorisées sera un peu plus longue que celle des choses interdites, afin que les enfants réalisent qu'il y a beaucoup plus d'actions autorisées que d'actions interdites, à l'école comme ailleurs.
- Certaines règles peuvent faire l'objet d'un débat, et vous-même pouvez être en difficulté pour savoir si telle ou telle situation est acceptable ou ne l'est pas, en fonction de la situation.
- Profitez de cette séance pour présenter rapidement le dispositif 119, en apposant par exemple une affiche dans la classe.

Variantes

- Avec un groupe dissipé, vous pouvez citer des règles à l'oral, l'une après l'autre, en demandant aux enfants de lever une feuille verte ou une feuille rouge pour signifier si l'action est autorisée ou interdite. Vous désignerez alors les enfants pour expliquer le sens de leur réponse.

- Distribuez aux enfants une feuille proposant des dessins représentant des actions autorisées ou interdites à l'école. Invitez-les à mettre une gommette verte ou rouge à côté de chaque dessin, pour indiquer une action autorisée ou interdite.

CE1

6

Séance 6

Chez moi, mon espace

AFFIRMATION DE SOI ET ALTÉRITÉ

⏱ 30 à 45 minutes

💬 Discussion

Objectif

➡ Avoir conscience de soi

➡ Comprendre sa place dans sa famille

➡ Avoir une pensée critique sur les différents fonctionnements familiaux

➡ Avoir de l'empathie pour les autres

➡ Repérer les recours disponibles en cas de besoin

➡ Savoir demander de l'aide

Supports à prévoir

Aucun support à prévoir pour cette séance.

Déroulé

1. Demandez aux enfants de se mettre en binôme et de trouver cinq différences dans les règles établies à leur domicile.

   Pour aider, questionnez

   Est-ce qu'il y a quelque chose que tu as le droit de faire chez toi, et que [enfant binôme] n'a pas le droit de faire ? Et le contraire ?

2. Demandez aux enfants de vous citer leur lieu préféré, là où ils vont se réfugier lorsqu'ils ont besoin de réconfort.

3. Demandez aux enfants de dire ce qu'ils peuvent faire lorsqu'ils se sentent tristes.

   Exemples de réponses attendues :
   - Chanter une chanson
   - Prendre son doudou dans les bras
   - Fermer les yeux et penser à un endroit agréable

4. Demandez aux enfants à qui ils pourraient demander de l'aide s'ils pensent que quelque chose n'est pas juste, ou qu'on leur fait du mal.

   Utilisez pour cela les dessins proposés en les distribuant ou en les projetant sur écran.

   Vous pouvez utiliser des dessins ou des photographies (que vous prendrez) pour les aider à visualiser les lieux et les personnes-ressources (commissariat de police ou de gendarmerie, policier ou gendarme en uniforme, médecin de famille, pompier, sans oublier les adultes référent de l'établissement : vous, vos collègues, les intervenants sociaux, etc.)

À prendre en considération

- L'enjeu de cette séance n'est pas de discréditer les parents, mais de permettre aux enfants de prendre conscience des différents fonctionnements familiaux. Pour vous, cette étape et la suivante peuvent vous permettre de repérer les enfants en danger, victimes de maltraitances ou à risque de l'être.

- La troisième partie de cette séance est destinée à aider les enfants à partager leurs techniques de gestion des situations angoissantes. Vous pouvez leur citer différentes techniques (cohérence cardiaque, relaxation, etc.) et les tester avec le groupe.

- Vous pouvez profiter de cette séance pour aborder le thème des Droits des enfants. L'Éducation nationale propose des contenus dédiés, certains développés avec l'Unicef.
Le site *defenseurdesdroits.fr* propose également des contenus.

- Profitez de cette séance pour présenter rapidement le dispositif 119, en apposant par exemple une affiche dans la classe.

✅ **Consultez en fin d'ouvrage la fiche d'accompagnement « les techniques de gestion de l'angoisse » pour vous aider à préparer cette séance.**

Variantes

- Il est possible de demander aux enfants de dessiner les personnes à qui ils pourraient demander de l'aide avant de leur proposer des personnes-ressources, afin de les inviter à trouver des solutions par eux-mêmes.

- Vous pouvez profiter de cette séance pour mettre en place un jeu de rôle afin d'aider les enfants à apprendre à demander de l'aide à un adulte (vous, un policier, un médecin, etc.).
Exemple de situation : un enfant doit vous confier qu'un camarade de sa classe se fait embêter par des plus grands dans la cour.
Procédez par étapes, évitez de proposer des situations trop anxiogènes trop rapidement.

CE1

7

Séance 7

Le monde dans lequel je grandis

AFFIRMATION DE SOI ET ALTÉRITÉ

⏱ 30 à 45 minutes

✋ Activité manuelle

Objectif

➡ Avoir conscience de soi

➡ Comprendre sa place dans la société

➡ Avoir une pensée créative

➡ Avoir une pensée critique

Pensez-y !

Une rencontre ou une réunion d'information avec les parents permet de les informer sur le danger que représentent certaines images sur le développement de leur enfant (par exemple le fait de dîner devant le journal télévisé qui propose un grand nombre de contenus anxiogènes).

Supports à prévoir

- Feuilles, crayons ou feutres.

Déroulé

1. En petits groupes, proposez aux enfants d'inventer une nouvelle machine qui sera utile dans le futur, et de la dessiner ensemble.

    Exemples de propositions attendues :
    - *Une machine pour manger toute la pollution des océans*
    - *Une machine pour aller en vacances sur Mars*

2. Invitez chaque groupe à présenter son invention et à expliquer comment elle fonctionne.

3. Demandez aux enfants de dessiner leur vie future, lorsqu'ils seront adultes : leur maison, leur famille, leurs animaux domestiques, leur métier…

4. À la fin de la séance, proposez aux enfants de fermer les yeux et de s'imaginer adultes, dans le monde du futur. Ils s'imaginent dans leur maison, dans la rue, en vacances.

5. Invitez les enfants à dire à voix haute ce qu'ils ressentent en imaginant le futur.

À prendre en considération

- La première partie de la séance permet aux enfants de verbaliser leurs éventuelles craintes sur le futur (pollution, réchauffement climatique, guerres, pandémies, etc.) et d'élaborer des solutions pour y faire face.
- La dernière partie de cette séance permet aux enfants de verbaliser leurs craintes, s'il y en a encore, mais aussi de leur permettre d'exprimer des émotions positives corrélées à leur vision du futur.

Variantes

- Vous pouvez constituer les groupes en partant des craintes verbalisées par les enfants (pollution, réchauffement climatique, guerres, pandémies, etc.) afin qu'ils élaborent des solutions qui répondent à une angoisse exprimée.

Notes

CE2

1

Séance 1

Connaître les émotions

INTELLIGENCE ÉMOTIONNELLE

⏱ 30 à 45 minutes

🎭 Jeu de rôle

Objectif

➡ Repérer et verbaliser ses ressentis

➡ Savoir gérer ses émotions

➡ Savoir communiquer efficacement

Pensez-y !
Une rencontre ou une réunion d'information avec les parents permet de préparer le terrain de vos séances, ce qui sera bénéfique à la fois pour les enfants, pour leurs parents, et pour vous.

Supports à prévoir

- Imprimez les visuels ou prévoyez de les projeter sur écran.

Déroulé

1. Demandez aux enfants de vous citer les principales émotions.

    Réponses attendues :
    - *On dénombre sept émotions de base qui sont le la joie, la surprise, la peur, la colère, le dégoût, la tristesse et la honte.*

2. Montrez aux enfants les visuels proposés (visages représentant des émotions) l'un après l'autre, en les questionnant sur l'émotion ressentie par le personnage.

3. Proposez aux enfants de venir, à tour de rôle, mimer une émotion devant le groupe, sans paroles, afin de la faire deviner aux autres.

4. Demandez à l'enfant qui vient de faire deviner son émotion d'essayer de se souvenir de la dernière fois qu'il a ressenti cette émotion, et de préciser si c'était agréable ou désagréable et, le cas échéant, comment il a fait pour s'en débarrasser.

Pour aider, questionnez

Tu dis que tu n'as pas aimé être triste, que c'était désagréable, alors qu'est-ce que tu as fait pour ne plus être triste ? Qu'est-ce qu'on peut faire quand on est triste, pour ne plus être triste ?

Exemple de réponse attendue :
- *J'étais en colère parce que mon frère a cassé mon jouet. Je me suis calmé. Je suis allé dans ma chambre et j'ai essayé de lire un livre que j'aime. Après, ça allait mieux.*

À prendre en considération

- Le nombre et la liste des émotions de base varient en fonction des ouvrages. La sélection de ces sept émotions a été faite en fonction des objectifs poursuivis, notamment la prévention des violences. La honte est une émotion qui revient très souvent dans les contextes de violences, d'où sa présence. Dans le cas de certaines violences, par exemple sexuelles, le dégoût est également souvent présent. Il est important que les enfants puissent identifier ces émotions et poser des mots dessus.
- Il n'y a pas une seule façon d'exprimer chaque émotion, mais diverses manières de montrer aux autres ce que l'on ressent.
- Lors de la troisième partie de la séance (le mime), il est important d'inviter les enfants à jouer l'émotion avec tout leur corps.
- Bien qu'un diagnostic ne puisse être posé que par des professionnels expérimentés après de nombreuses observations, cette séance peut néanmoins être une occasion de mieux repérer les enfants susceptibles d'avoir un trouble du spectre de l'autisme.

✅ **Consultez en fin d'ouvrage la fiche d'accompagnement « les émotions, les sentiments et les besoins » pour vous aider à préparer cette séance.**

Variantes

- Vous pouvez procéder à l'envers, en démarrant la séance avec les témoignages des enfants, puis en les invitant à mimer les émotions, pour enfin faire une liste. C'est une option à privilégier s'ils ont déjà travaillé sur ce thème et ont déjà en tête une liste de différentes émotions.

CE2

2

Séance 2

Les envies

STÉRÉOTYPES ET REPRÉSENTATIONS

⏱ 30 à 45 minutes

🧑 Jeu de rôle

Objectifs

➡ Prendre conscience de sa propre identité

➡ Savoir communiquer efficacement

➡ Avoir de l'empathie pour les autres

➡ Prévenir les stéréotypes de genre

Pensez-y !

Une rencontre ou une réunion d'information avec les parents peut permettre de les alerter – sans les culpabiliser – sur l'impact négatif que peuvent avoir certains de leurs automatismes sur le développement de leur enfant (commentaires et réactions du type « ça, c'est pour les filles », « les garçons ne font pas ça »…)

Supports à prévoir

Aucun support à prévoir pour cette séance.

Déroulé

1. Expliquez aux enfants que l'objectif de cette séance est de les aider à trouver les bons mots lorsqu'ils se trouvent dans des situations compliquées. Pour chaque situation, les personnages sont joués par des enfants de la classe. Si possible, chaque enfant doit participer au moins une fois.

   C'est à vous de décider :
   – si vous présentez à voix haute une situation et attendez que des enfants soient volontaires pour jouer la saynète ;
   – si vous préparez des petits papiers avec les saynètes et faites tirer au sort les enfants ;
   – si vous décidez vous-même des enfants qui jouent des situations spécifiques.

   Propositions de saynètes

   Ton grand-père veut te faire un câlin, mais il sent vraiment très mauvais parce qu'il a mangé des croûtes de fromage.

   Ta voisine a un nouveau jouet qui a l'air super, et tu aimerais le voir, mais elle te dit qu'elle préfère jouer dehors.

   Ta grande sœur a répété un secret que tu lui avais confié, et cela t'a fait de la peine. Tu dois lui expliquer ce que tu ressens.

   Ton petit frère a perdu son doudou, et il aimerait prendre le tien. À toi de décider si tu veux lui prêter ou pas, et à quelles conditions.

   Tu aimerais écouter de la musique pour danser, mais tes parents veulent lire en silence. Essaie de les convaincre de danser avec toi.

   Tu n'aimes pas quand ta grand-mère te fait des bisous, parce que ça mouille ta joue et tu trouves ça désagréable. Tu dois lui dire, mais tu as peur que ça lui fasse de la peine.

   En faisant les courses, tu vois un monsieur prendre des choses et partir sans payer. Que fais-tu ?

   Une fille de CM2 n'arrête pas de t'insulter dans la cour, et elle te fait peur. À qui peux-tu demander de l'aide ?

2. Lorsque les enfants ne savent pas comment gérer une situation, les autres enfants les aident en proposant des actions ou des mots adaptés.

À prendre en considération

- L'enjeu principal de cette séance est de permettre aux enfants d'améliorer leurs capacités à répondre à une situation complexe. Les situations ne doivent donc pas être trop explicites ou anxiogènes (comme des violences sexuelles) ou trop peu réalistes (comme un enlèvement).
- Les saynètes peuvent durer 15 ou 30 secondes, et il est possible de les reprendre avec les mêmes enfants ou avec d'autres enfants, en proposant des alternatives : « est-ce que parmi vous quelqu'un aurait fait autre chose / aurait dit cela autrement ? ».
- Prenez le temps nécessaire pour aider les enfants les plus en difficulté, en vous assurant que le climat est bienveillant.
- Cette séance est l'occasion de rappeler aux enfants que vous pouvez leur apporter de l'aide si quelque chose ne va pas, par exemple à la maison, si on leur fait du mal ou qu'ils ont peur de quelqu'un.
- Il est également important que les enfants commencent à appréhender le degré de danger d'une situation. Par exemple, dans la situation du monsieur qui vole dans le magasin, un enfant ne devra pas s'interposer physiquement avec le voleur, sans quoi il se mettrait en danger.

Variantes

- Vous pouvez demander aux enfants de proposer des situations à partir de leurs propres expériences : « essayez de vous souvenir d'un moment où vous n'avez pas osé dire quelque chose à un autre enfant ou à un adulte, peut-être parce que vous aviez peur de sa réaction ».

CE2

3

Séance 3

Les parties du corps, les bébés

CONNAISSANCES

⏱ 30 à 45 minutes
✋ Activité manuelle

Objectif

➡ Avoir des connaissances sur la reproduction, la puberté, etc.

➡ Avoir une meilleure connaissance de l'anatomie humaine

➡ Savoir poser des questions sur l'intimité

➡ Avoir conscience de soi

Pensez-y !

Une rencontre ou une réunion d'information avec les parents peut prévenir la surprise et le malaise – voire la colère – de certains parents lorsqu'un enfant utilise certains mots appris à l'école pour désigner les zones génitales.

Supports à prévoir

- Feuilles, crayons ou feutres.

Déroulé

1. Demandez aux enfants de dessiner deux enfants sans aucun vêtement : une fille et un garçon.

2. Demandez ensuite aux enfants de nommer différentes parties du corps en les désignant.

   Exemples de réponses attendues :
   - *Le bras.*
   - *La tête.*
   - *Le pénis, la vulve.*

   Pour aider, questionnez

   Où se trouve la tête du petit garçon ?
   Où sont les orteils de la petite fille ?
   Où sont les aisselles des enfants ?

3. Les enfants sont ensuite invités à expliquer comment le corps change lorsqu'on grandit.

4. Demandez aux enfants comment sont fabriqués les bébés, en commençant par la procréation jusqu'à la naissance.

   Pour aider, questionnez

   Où est-ce que les bébés grandissent avant de naître ?

À prendre en considération

- Nommer les parties génitales est souvent difficile pour les adultes. Il est conseillé de nommer ces parties-là du corps comme vous le faites pour les autres parties du corps, sans insister particulièrement ni transmettre aux enfants votre éventuelle gêne. Vous pouvez accepter les mots proposés par les enfants (« zizi », « zézette », etc.) puis **leur proposer d'autres mots, afin qu'ils les connaissent** : « sexe » pour les deux enfants, « pénis » pour les garçons, « vulve » pour les filles (et non « vagin », qui correspond à la partie interne et donc non visible depuis l'extérieur du corps).
- Dans l'excitation, certains enfants peuvent être tentés de montrer leurs parties génitales à tout le groupe. Rappelez avec bienveillance le cadre, et les gestes autorisés et interdits à l'école.
- Il est important que les enfants comprennent que, s'il y a des différences entre les individus (longueur des cheveux, couleur des yeux, certains handicaps physiques, etc.), il n'y a en revanche qu'une seule chose qui distingue les filles des garçons : l'appareil génital.
- Si certains enfants présentent une différence unique et notable (couleur de peau, handicap…), vous pouvez profiter de cette activité pour travailler sur cette différence, dans le cas où elle ferait déjà l'objet de commentaires ou de rejet entre enfants, ou afin de prévenir toute forme de stigmatisation.
- Si vous ressentez une gêne des enfants lorsque vous abordez certaines parties du corps, surtout les zones génitales (mais pas uniquement), restez en alerte afin de comprendre le sens de ce malaise, et sollicitez des professionnels de santé si nécessaire. En cas de suspicion de maltraitance, n'hésitez jamais à effectuer une information préoccupante, même si vous n'avez pas l'aval de votre hiérarchie.

✅ **Consultez en fin d'ouvrage la fiche d'accompagnement « la reproduction » pour vous aider à préparer cette séance.**

Variantes

- Il est possible d'utiliser une vidéo explicative pour expliquer la reproduction humaine, mais cela ne doit pas être une raison pour occulter les questions des enfants. Il est important que certains mots soient prononcés sans gêne ni honte par les adultes, pour que les enfants comprennent que le sujet de la reproduction n'est pas tabou.

CE2

4

Séance 4

L'amour, le couple

AFFIRMATION DE SOI ET ALTÉRITÉ

⏱ 30 à 45 minutes

💬 Discussion

Objectif

➡ Avoir conscience de soi

➡ Savoir communiquer efficacement

➡ Avoir de l'empathie pour les autres

➡ Avoir une pensée critique

Pensez-y !
Une rencontre ou une réunion d'information avec les parents permet de les rassurer sur leur mission éducative. Il est important qu'ils comprennent par exemple que l'adulte doit répondre de façon équilibrée à la demande d'affection de l'enfant, sans renverser les rôles (l'enfant n'est pas là pour répondre aux besoins affectifs de l'adulte).

Supports à prévoir

- Feuilles, crayons ou feutres.
- Un miroir qui peut circuler de main en main (incassable et léger).
- Imprimez les visuels ou prévoyez de les projeter sur écran.

Déroulé

1. Demandez aux enfants de dire ce qu'ils aiment. Il peut s'agir d'activité, de personnes, d'animaux, d'aliments, etc.

    Exemples de réponses attendues :
    - *Le gâteau au chocolat, la pizza à l'ananas, mon hamster…*

2. Demandez ensuite à chaque enfant de se regarder à tour de rôle dans un miroir, droit dans les yeux, et de dire à voix haute une chose qu'il aime chez lui. Il peut s'agir d'une qualité physique, d'une qualité humaine, d'une action qui l'a rendu fier, ou autre chose, tant que cela est positif et valorisant.

    Chaque enfant se regarde dans les yeux, puis commence sa phrase par :
    « ce que j'aime chez moi, c'est … »

3. À l'aide des visuels, expliquez aux enfants qu'il existe différents types d'amour, ou de façon d'aimer : des gens, des choses, des activités, etc.

4. Demandez aux enfants de vous citer les différents types de bisous.

    Exemples de réponses attendues :
    - *bise sur le front, bise sur la joue (1,2,3,4 en fonction des régions), bisou papillon, bisou sur la bouche / smack, baiser avec la langue / pelle, etc.*

5. Demandez aux enfants ce qu'ils pourraient faire ou dire lorsqu'ils ne veulent pas embrasser quelqu'un. Expliquez-leur que les règles de politesse obligent à dire bonjour, mais que l'on n'est jamais obligé d'embrasser quelqu'un si on n'en a pas envie.
    Les enfants peuvent élaborer leurs propres réponses, et vous pouvez les aider : « on peut serrer la main, ou faire coucou sans se toucher, ou inventer d'autres façons rigolotes de se saluer ».
    Les enfants peuvent tester cet exercice en binôme, en cherchant des solutions.

À prendre en considération

- Il est important que chaque enfant ait l'opportunité de se regarder dans le miroir et de se trouver une qualité. Si cet exercice est trop angoissant à faire devant les autres, prenez le temps de le faire avec les enfants individuellement, durant des récréations.
- De nombreux parents embrassent leurs enfants sur la bouche. Cet acte, s'il n'est pas habituellement considéré comme une infraction sexuelle, est cependant problématique, car il peut créer une confusion chez l'enfant, qui risque de mal comprendre les différents types d'amour, les places des uns et des autres, et pourrait ne pas repérer un acte transgressif d'un adolescent ou d'un adulte. Il est primordial de préparer cette séance en amont, en informant les parents. Vous pouvez demander l'aide d'un psychologue scolaire ou de vidéos (voir le lien sur edsens.fr) afin d'appuyer vos propos.
- La dernière partie de la séance peut se faire sous forme de mise en situation (jeu de rôle), avec un enfant qui n'aime pas faire la bise et qui se retrouve face à un adulte (que vous pouvez interpréter) qui s'apprête à lui dire bonjour. Les autres enfants peuvent aider le premier à trouver des solutions pour éviter de faire la bise.
- Parmi les manières de se dire bonjour, il y a le *check* américain, ou sa version avec le poing (popularisée durant la pandémie de Covid-19), mais d'autres solutions manières créatives de se saluer sans contact intrusif peuvent être inventées par les enfants, voire faire l'objet d'un nouveau rituel d'accueil le matin.
- Il ne s'agit pas de stigmatiser le contact physique avec les enfants, loin de là, mais de permettre aux enfants de s'opposer à un contact intrusif tout en respectant les règles de politesse, essentielles à l'ordre social.

✅ **Consultez en fin d'ouvrage la fiche d'accompagnement « l'amour » pour vous aider à préparer cette séance.**

Variantes

- Avec un groupe peu participatif, vous pouvez commencer directement par les visuels des choses aimées.

CE2

5

Séance 5

Autorisé, interdit : pourquoi ?

COMPRÉHENSION DE LA LOI

🕐 30 à 45 minutes

💬 Discussion

Objectif

➡ Connaître les principales règles applicables en fonction des espaces, des moments et des âges

➡ Avoir une pensée critique

➡ Être capable de gérer sa frustration

➡ Savoir communiquer efficacement

➡ Être capable de demander de l'aide

Pensez-y !

Une rencontre ou une réunion d'information avec les parents permet d'informer les parents sur les différentes règles qui s'appliquent à l'école. C'est également l'occasion d'être informé des règles qui s'appliquent au domicile de l'enfant (heure du coucher, utilisation des écrans, etc.), qui peuvent avoir un impact sur la santé et le développement des enfants auprès desquels vous intervenez.

Supports à prévoir

- Une liste des règles qui s'appliquent à l'école et ailleurs, rédigée par vos soins.

Déroulé

1. Demandez aux enfants de vous citer des choses qu'il est autorisé de faire, et ce qu'il est interdit de faire à l'école.

2. Demandez aux enfants d'expliquer les raisons de ces interdits, et s'ils trouvent que certaines règles sont injustes, pourquoi ils pensent cela.

   Exemples de réponses attendues :
   - *Taper les autres.*
   - *Insulter.*

   Pour aider, questionnez

   Est-ce qu'il y a des choses que vous n'avez pas le droit de faire dans la classe, mais que vous avez le droit de faire chez vous ? Pourquoi ?

   Est-ce qu'il y a des choses que les enfants n'ont pas le droit de faire à l'école, mais que les adultes ont le droit de faire ? Pourquoi ?

3. Demandez aux enfants de vous citer des choses qu'il est interdit de faire chez eux, et d'expliquer les raisons de ces interdits, et s'ils trouvent que certaines règles sont injustes, pourquoi ils pensent cela.

   Exemples de réponses attendues :
   - *Jouer avec le téléphone de …*
   - *Réveiller les autres le matin.*

4. Demandez aux enfants de vous citer des personnes qui font respecter la loi ou qui aident les autres.

   Exemples de réponses attendues :
   - *Les juges, les policiers, les pompiers, les médecins, les infirmiers, etc.*

À prendre en considération

- N'hésitez jamais à énoncer une règle parce qu'elle vous semblerait trop évidente.
- Les enfants de cet âge peuvent avoir des difficultés à expliquer le sens des interdits. Adaptez votre discours à leur capacité de compréhension.
- Vous pouvez proposer des exemples déconcertants : « est-ce que vous avez le droit de venir tous nus à l'école ? De faire pipi dans la classe ? »
- La partie de l'intervention sur les règles applicables au domicile des enfants est la plus délicate. C'est lors de ces échanges que les enfants pourront faire des révélations susceptibles de vous déstabiliser. Si un propos vous surprend ou vous choque, ne vous forcez pas à réagir immédiatement, devant toute la classe, si vous ne vous en sentez pas capable. Chaque propos évoquant une situation potentiellement problématique devra faire l'objet d'une information préoccupante. N'hésitez jamais à demander de l'aide à un autre professionnel (collègue, hiérarchie, professionnel de santé, structure spécialisée, etc.).
- Il est primordial de citer les actions autorisées. Si possible, la liste des choses autorisées devrait être un peu plus longue que celle des choses interdites, afin que les enfants réalisent qu'il y a beaucoup plus d'actions autorisées que d'actions interdites, à l'école comme ailleurs.
- Certaines règles peuvent faire l'objet d'un débat, et vous-même pouvez être en difficulté pour savoir si telle ou telle situation est acceptable ou ne l'est pas, en fonction de la situation.
- Profitez de cette séance pour présenter rapidement le dispositif 119, en apposant par exemple une affiche dans la classe.

Variantes

- Avec un groupe dissipé, vous pouvez citer des règles à l'oral, l'une après l'autre, en demandant aux enfants de lever une feuille verte ou une feuille rouge pour signifier si l'action est autorisée ou interdite. Vous désignerez alors les enfants pour expliquer le sens de leur réponse.

- Distribuez aux enfants une feuille proposant des phrases ou des dessins (trouvés/créés par vos soins) représentant des actions autorisées ou interdites à l'école. Invitez-les à mettre une gommette verte ou rouge à côté de chaque dessin, pour signifier si l'action est autorisée ou interdite.

CE2

6

Séance 6

Les écrans

STÉRÉOTYPES ET REPRÉSENTATIONS

⏱ 30 à 45 minutes

💬 Discussion

Objectif

➡ Avoir une pensée critique

➡ Discerner les espaces intimes et publics

➡ Savoir communiquer efficacement

➡ Porter un regard critique sur les contenus visionnés sur les réseaux sociaux

➡ Savoir résoudre les problèmes

➡ Savoir demander de l'aide

Pensez-y !

Une rencontre ou une réunion d'information avec les parents permet d'informer sur les dangers liés aux écrans, connectés ou non. Vous pouvez également leur rappeler que l'installation d'un filtre parental est absolument indispensable, et qu'il est préférable qu'un enfant d'élémentaire n'utilise un écran que sous la surveillance constante d'un adulte.

Supports à prévoir

Aucun support à prévoir pour cette séance.

Déroulé

1. Interrogez les enfants sur leurs habitudes de consommation des écrans, en commençant par le cinéma, en continuant avec la télévision, puis en abordant les sujets sur lesquels portera la séance : les jeux vidéos et les petits écrans (tablette et téléphone).

   Exemples de réponses attendues :
   - *Moi je ne suis jamais allé au cinéma.*
   - *J'ai le droit de faire une partie en rentrant de l'école.*

   Pour aider, questionnez

   Est-ce que tu veux bien raconter à ceux qui ne sont jamais allés au cinéma, comment ça se passe ? C'était une grande salle ? Et un très grand écran ?

2. Questionnez les enfants sur les règles en vigueur chez eux, notamment le lieu de visionnage des écrans, les habitudes et les contenus.

   Pour aider, questionnez

   Quand tu regardes des vidéos, tu es toute seule dans ta chambre ?
   Est-ce que tu t'es déjà filmé pour mettre la vidéo sur Internet ?

3. Demandez aux enfants s'ils ont déjà vu sur Internet ou à la télévision des choses qui les ont choqués ou effrayés, ou mis mal à l'aise.

4. Expliquez aux enfants qu'ils doivent parler à un adulte s'ils voient des images qui les choquent ou s'ils reçoivent un message qui les met mal à l'aise. Précisez toujours qu'ils peuvent se confier à un adulte même s'ils ont fait une bêtise, comme utiliser un appareil sans l'autorisation de leurs parents, ou s'ils ont envoyé un message ou une photo alors que cela leur était interdit.

À prendre en considération

- Si vous savez qu'un enfant du groupe est régulièrement visible sur un écran (enfant acteur, enfant mis en scène par ses parents sur les réseaux sociaux, enfant ayant son propre compte, etc.), il est important de prendre en considération cette information, notamment pour mesurer le degré d'implication de l'enfant et éventuellement en informer les services sociaux.
- Chaque propos évoquant une situation potentiellement problématique devra faire l'objet d'une information préoccupante. N'hésitez jamais à demander de l'aide à un autre professionnel (collègue, hiérarchie, professionnel de santé, structure spécialisée, etc.).
- Il ne s'agit pas de vous mettre en situation d'enquêteur ni de délateur, mais de repérer les parents auprès desquels il serait judicieux que vous interveniez, afin de les conseiller dans leur mission éducative, si le terrain est favorable.

Variantes

- Vous pouvez démarrer la séance en parlant d'un film dont les enfants parlent beaucoup, si vous repérez par exemple qu'ils sont nombreux à chanter une chanson tirée d'un même dessin animé.

CE2

7

Séance 7

Ce qui est vrai, ce qui est faux

AFFIRMATION DE SOI ET ALTÉRITÉ

⏱ 30 à 45 minutes
✅ Quiz

Objectif

➡ Avoir une pensée critique

➡ Savoir résoudre les problèmes

➡ Savoir communiquer efficacement

➡ Avoir une pensée créative

➡ Savoir prendre des décisions

Supports à prévoir

- Imprimez pour chaque enfant trois visuels : possible, impossible, j'hésite.

Déroulé

Cette séance est un jeu. Les enfants doivent voter pour déterminer si ce que vous leur dites est possible, impossible ou s'ils hésitent. Les enfants qui pensent qu'un fait est possible ou impossible doivent argumenter afin de convaincre les hésitants, qui peuvent alors changer d'avis.

Vous donnez la réponse avant de passer au fait suivant.

Propositions de situations

L'animal le plus rapide du monde est l'escargot. [Non, c'est le guépard.]

L'humain le plus vieux du monde a 250 ans. [Non, le record est de 122 ans.]

L'animal le plus long du monde est la baleine bleue. [Oui, elle peut mesurer jusqu'à 30 mètres.]

Une petite fille a réussi à sauter du toit d'un immeuble sans se faire mal. [Non, il ne faut jamais sauter d'un balcon ou d'un toit, c'est très dangereux.]

Il existe sur une île un dragon qui crache du feu. [Non, les dragons qui crachent du feu, ça n'existe pas, mais un animal, qu'on appelle le dragon de Komodo, est cependant très dangereux.]

Avec une cape, certains humains peuvent voler. [Non, aucun humain ne peut voler, les super héros, ça n'existe pas dans la réalité.]

Il y a des gens qui collectionnent les crottes de dinosaures fossilisées. [Oui, on appelle cela des coprolithes. Un collectionneur a réussi à en réunir 1277.]

Le plus grand chat du monde mesure 3 mètres de long. [Non, mais il mesure tout de même 1,18 m.]

Il existe des maisons hantées dans lesquelles il y a des fantômes. [Non, les fantômes, ça n'existe pas.]

On peut retenir sa respiration pendant une heure, si on veut. [Non, c'est impossible et dangereux.]

Le plus petit oiseau du monde mesure à peine 2 centimètres. [Oui, c'est le colibri d'Elena.]

Il existe un serpent qui peut mesurer jusqu'à 12 mètres de long. [Oui, c'est l'anaconda.]

Un humain peut arrêter de dormir et rester en bonne santé. [Non, tous les humains ont besoin de dormir pour être en bonne santé.]

Il existe une école secrète pour les enfants qui ont des pouvoirs magiques. [Non, aucun humain n'a de pouvoir magique.]

À prendre en considération

- L'un des enjeux de cette séance est de permettre aux enfants de différencier la réalité et la fiction et de rappeler certaines règles de sécurité. Il ne s'agit pas de briser leurs croyances (comme la petite souris), mais plutôt de leur permettre de développer leur capacité à repérer les choses impossibles ou dangereuses.
- Lorsque vous donnez des dimensions, essayez de proposer un exemple concret, visualisable. Exemple : « 12 mètres, c'est la longueur de la porte jusqu'au mur au fond de la salle ».
- Certains enfants auront naturellement tendance à monopoliser la parole et parviendront aisément à convaincre les autres. Essayez de faire réagir des enfants plus silencieux, ou les enfants qui ont un avis contraire au reste du groupe, afin qu'ils puissent exposer leur point de vue malgré la pression de leurs pairs.

Variantes

- Vous pouvez proposer des visuels (trouvés/créés par vos soins) afin de concrétiser les faits proposés.

Notes

CM1

1

Séance 1

Connaître les sentiments

INTELLIGENCE ÉMOTIONNELLE

🕐 30 à 45 minutes

💬 Discussion

Objectif

➡ Repérer et verbaliser ses ressentis

➡ Savoir gérer ses émotions

➡ Savoir communiquer efficacement

Pensez-y !

Une rencontre ou une réunion d'information avec les parents permet de préparer le terrain de vos séances, ce qui sera bénéfique à la fois pour les enfants, pour leurs parents, et pour vous.

Supports à prévoir

- Imprimez les visages exprimant des sentiments ou prévoyez de les projeter sur écran.

Déroulé

Faites défiler les visages exprimant des sentiments.

Pour chaque image, questionnez les enfants en plusieurs temps :

1. « D'après vous, quel est le sentiment ressenti par cet enfant ? ».

    > Réponses attendues :
    > - *On dénombre sept émotions : la joie, la surprise, la peur, la colère, le dégoût, la tristesse et la honte. La liste des sentiments est bien plus longue, et désigne des ressentis plus complexes : énervé, déçu, fatigué, assoiffé, confiant, seul, etc.*

2. « Essayez d'imaginer ce qui a pu lui arriver pour ressentir ce sentiment. »

3. « De quoi pourrait-il avoir besoin ? Je vous montre des propositions. »

4. « Et toi [prénom d'un enfant], quand as-tu ressenti cette émotion pour la dernière fois ? »

5. « Est-ce que c'était agréable ou désagréable ? »

6. « Et de quoi avais-tu besoin ou envie ? »

7. « Si c'était désagréable, comment as-tu fait pour dépasser cette émotion ? »

8. « Et les autres, comment faites-vous pour dépasser cette émotion, lorsque vous la ressentez ? »

    > Exemples de réponses attendues :
    > - *Si j'ai soif, je bois de l'eau.*
    > - *Si je suis en colère, je vais lire au calme dans ma chambre.*
    > - *Si j'ai envie de jouer avec quelqu'un, je vais voir mon petit frère.*

À prendre en considération

- Le nombre et la liste des émotions de base varient en fonction des ouvrages. La sélection de ces sept émotions a été faite en fonction des objectifs poursuivis, notamment la prévention des violences. La honte est une émotion qui revient très souvent dans les contextes de violences, d'où sa présence. Dans le cas de certaines violences, par exemple sexuelles, le dégoût est également souvent présent. Il est important que les enfants puissent identifier ces émotions et poser des mots dessus.
- Il n'est pas indispensable que les enfants comprennent la différence entre émotions et sentiments.
- Les listes des sentiments et des besoins sont très longues. Des listes indicatives sont proposées en fin d'ouvrage.
- Il n'y a pas une seule façon d'exprimer chaque sentiment, mais diverses manières de montrer aux autres ce que l'on ressent.
- Cette séance est l'occasion de travailler les synonymes : « Le petit garçon semble avoir peur. Vous connaissez d'autres mots pour désigner ce qu'il a l'air de ressentir ? Effrayé, terrorisé, apeuré… »
- Bien qu'un diagnostic ne puisse être posé que par des professionnels expérimentés après de nombreuses observations, cette séance peut néanmoins être une occasion de mieux repérer les enfants susceptibles d'avoir un trouble du spectre de l'autisme.

✅ **Consultez en fin d'ouvrage la fiche d'accompagnement « les émotions, les sentiments et les besoins » pour vous aider à préparer cette séance.**

Variantes

- Vous pouvez procéder à l'envers, en démarrant la séance avec les témoignages des enfants, puis en les invitant à reconnaître les sentiments cités parmi les illustrations proposées. Dans un second temps, demandez-leur après quel évènement on peut ressentir ce sentiment, en donnant des exemples de ce qu'ils ont déjà vécu. Dans un troisième temps, rattachez cet évènement à un besoin (parmi la liste ou en dehors de la liste). Concluez par un partage de techniques proposées par les enfants pour gérer leurs sentiments.

CM1

2

Séance 2

Les rôles dans la famille

STÉRÉOTYPES ET REPRÉSENTATIONS

⏱ 30 à 45 minutes

💬 Discussion

Objectif

➡ Prendre conscience de sa propre identité

➡ Savoir communiquer efficacement

➡ Avoir de l'empathie pour les autres

➡ Prévenir les stéréotypes de genre

Pensez-y !

Une rencontre ou une réunion d'information avec les parents peut permettre de les alerter – sans les culpabiliser – sur l'impact négatif que peuvent avoir certains de leurs automatismes sur le développement de leur enfant (commentaires et réactions du type « ça, c'est pour les filles », « les garçons ne font pas ça »…)

Supports à prévoir

Aucun support à prévoir pour cette séance.

Déroulé

1. Demandez aux enfants de lister les tâches à effectuer au quotidien pour prendre soin d'une famille et d'une maison ou d'un appartement.

    Réponses attendues :
    - *Faire les courses.*
    - *Faire à manger.*
    - *Acheter des vêtements.*

2. Questionnez les enfants sur les tâches qu'ils réalisent eux-mêmes chez eux, avec ou sans l'aide des adultes.

    Réponses attendues :
    - *Je dois ranger ma chambre une fois par semaine et passer l'aspirateur.*

3. Demandez aux enfants de se mettre en binôme et de trouver cinq différences dans l'organisation des rôles au sein de leur famille respective. Autrement dit : « qui fait quoi ? »

    Pour aider, questionnez

    S'il n'y a pas de lave-vaisselle, qui fait la vaisselle ?

    Qui change ta petite sœur ?

    Qui travaille hors de la maison ?

    Chez ta maman c'est elle qui fait tout, et chez ton papa c'est lui qui fait tout, mais est-ce qu'ils te demandent de les aider parfois ?

À prendre en considération

- Les enfants n'ont pas à remercier les adultes de prendre soin d'eux, car c'est leur rôle. Les enfants doivent cependant respecter les adultes, leur lieu de vie et les règles de politesse qui permettent de vivre ensemble. Mais il est également important que les enfants puissent prendre part au fonctionnement de leur foyer, en fonction de leurs capacités et dans le respect de leurs besoins élémentaires.
- Cette séance peut être l'occasion d'aborder d'autres thématiques, comme les droits et les devoirs, l'importance d'aider son prochain, de trouver sa place au sein de sa famille et par extension, au sein de la société.
- L'enjeu de cette séance n'est pas de discréditer les parents, mais de permettre aux enfants de prendre conscience des différents fonctionnements familiaux. Cette séance peut vous permettre de repérer les enfants en danger, victimes de maltraitances ou à risque de l'être.

Variantes

- Au sein d'un foyer d'accueil, avec des enfants vivant ensemble, cette séance est l'occasion d'aider les participants à mieux comprendre le fonctionnement du lieu, le rôle de chacun et de discuter le partage des tâches. Il sera important de valoriser le rôle de chacun et d'exprimer sa gratitude auprès de ceux qui participent à l'entretien du lieu.

CM1

3

Séance 3

Mon espace, ton espace

CONNAISSANCES

- 30 à 45 minutes
- Discussion

Objectifs

➡ Avoir une meilleure connaissance de l'anatomie humaine

➡ Savoir poser des questions sur l'intimité

➡ Avoir conscience de soi

Pensez-y !

Une rencontre ou une réunion d'information avec les parents peut prévenir la surprise et le malaise – voire la colère – de certains parents lorsqu'un enfant utilise certains mots appris à l'école pour désigner les zones génitales.

Supports à prévoir

- Feuilles, crayons ou feutres.

Déroulé

1. Répartissez les enfants en binôme.

2. Les enfants doivent s'observer et se trouver dix points communs physiques ou vestimentaires, puis dix différences (couleur des yeux, des cheveux, des vêtements, taille, etc.) avec leur binôme.

   Exemples de réponses attendues :
   - *On a toutes les deux deux bras.*
   - *On est tous les deux des garçons.*
   - *Il a déjà perdu une dent de lait, et moi pas encore.*

3. Deux enfants sont ensuite invités à chercher à quelle distance ils se sentent à l'aise pour se parler. Ils peuvent s'approcher au point de se toucher le nez, et s'éloigner d'un bout à l'autre de la classe.

4. Demandez à chaque binôme de reproduire l'expérience.

5. Demandez aux enfants pourquoi on respecte une certaine distance entre les gens pour se parler. Vous pouvez prendre des exemples concrets : quand on se dit un secret, on parle doucement en étant très proche de l'autre personne, mais quand on est dans un magasin, on reste loin des vendeurs.

6. Proposez aux enfants de dessiner un plan de leur logement, et de préciser (par des flèches, une couleur ou autre) les espaces où ils se sentent bien, en sécurité. Les espaces extérieurs peuvent également être dessinés (balcon, terrasse, jardin, piscine…)

À prendre en considération

- Lorsque le point commun est le sexe, vous pouvez leur demander de préciser : on a toutes les deux une vulve, on a tous les deux un pénis. Nommer les parties génitales est souvent difficile pour les adultes. Il est conseillé de nommer ces parties-là du corps comme vous le faites pour les autres parties du corps, sans insister particulièrement ni transmettre aux enfants votre éventuelle gêne. Vous pouvez accepter les mots proposés par les enfants (« zizi », « zézette », etc.) puis **leur proposer d'autres mots, afin qu'ils les connaissent** : « sexe » pour les deux enfants, « pénis » pour les garçons, « vulve » pour les filles (et non « vagin », qui correspond à la partie interne et donc non visible depuis l'extérieur du corps).
- Il est important que les enfants comprennent que, s'il y a des différences entre les individus (longueur des cheveux, couleur des yeux, certains handicaps physiques, etc.), il n'y a en revanche qu'une seule chose qui distingue les filles des garçons : l'appareil génital.
- Si certains enfants présentent une différence unique et notable (couleur de peau, handicap…), vous pouvez profiter de cette activité pour travailler sur cette différence, dans le cas où elle ferait déjà l'objet de commentaires ou de rejet entre enfants, ou afin de prévenir toute forme de stigmatisation.
- Si vous ressentez une gêne des enfants lorsque vous abordez certaines parties du corps, surtout les zones génitales (mais pas uniquement), restez en alerte afin de comprendre le sens de ce malaise, et sollicitez des professionnels de santé si nécessaire. En cas de suspicion de maltraitance, n'hésitez jamais à effectuer une information préoccupante, même si vous n'avez pas l'aval de votre hiérarchie.

Variantes

- Il est possible d'aller dans la cour de l'école pour l'étape 4, afin de tester des distances très grandes.

CM1

4

Séance 4

Le sentiment amoureux

AFFIRMATION DE SOI ET ALTÉRITÉ

⏱ 30 à 45 minutes

💬 Discussion

Objectif

➡ Avoir conscience de soi

➡ Savoir communiquer efficacement

➡ Avoir de l'empathie pour les autres

➡ Avoir une pensée critique

Pensez-y !
Une rencontre ou une réunion d'information avec les parents permet de les rassurer sur leur mission éducative. Il est important qu'ils comprennent par exemple que l'adulte doit répondre de façon équilibrée à la demande d'affection de l'enfant, sans renverser les rôles (l'enfant n'est pas là pour répondre aux besoins affectifs de l'adulte).

Supports à prévoir

- Feuilles, crayons ou feutres.
- Un miroir qui peut circuler de main en main (incassable et léger).

Déroulé

1. Demandez aux enfants de dire ce qu'ils aiment. Il peut s'agir d'activité, de personnes, d'animaux, d'aliments, etc.

    Exemples de réponses attendues :
    - *Le gâteau au chocolat, la pizza à l'ananas, mon hamster…*

2. Demandez ensuite à chaque enfant de se regarder à tour de rôle dans un miroir, droit dans les yeux, et de dire à voix haute une chose qu'il aime chez lui. Il peut s'agir d'une qualité physique, d'une qualité humaine, d'une action qui l'a rendu fier, ou autre chose, tant que cela est positif et valorisant.

    Chaque enfant se regarde dans les yeux, puis commence sa phrase par :
    « ce que j'aime chez moi, c'est … »

3. Questionnez les enfants sur les qualités qu'ils aiment chez les autres.

    Exemples de réponses attendues :
    - *La gentillesse, l'honnêteté, la beauté, l'intelligence…*

4. Demandez aux enfants de vous expliquer ce qu'est le sentiment amoureux, et ce que l'on ressent physiquement quand on est amoureux.

    Pour aider, questionnez

    Bien sûr, vous n'êtes pas obligés de répondre, ou de dire de qui il s'agit, mais je voudrais savoir si certains d'entre vous ont déjà été amoureux, pour qu'ils expliquent aux autres ce que l'on ressent quand on est amoureux.

    Qu'est-ce que l'on fait ensemble quand on est amoureux ?

À prendre en considération

- Il est important que chaque enfant ait l'opportunité de se regarder dans le miroir et de se trouver une qualité. Si cet exercice est trop angoissant à faire devant les autres, prenez le temps de le faire avec les enfants individuellement, durant des récréations.

- La dernière partie de la séance permet d'informer les enfants sur les comportements inadaptés par rapport à leur âge. Attention cependant à ne pas poser des interdits injustes.
  Par exemple, deux enfants du même âge, du même niveau de développement, et qui sont tous les deux consentants, peuvent s'embrasser sur la bouche (même si vous pouvez poser des interdits liés au lieu où cela se passe : pas dans la classe, pas dans les couloirs de l'école, etc.). En revanche, si un enfant de CM1 déclarait « être en couple » ou « sortir » avec un adolescent de 4ème, ce serait un signal d'alerte.

- Les enfants peuvent s'interroger sur l'âge à partir duquel les amoureux s'embrassent ou ont des relations sexuelles. Il sera alors important de les rassurer.
  Exemples : « Il n'y a pas d'âge spécifique pour un premier bisou sur la bouche, certaines personnes embrassent pour la première fois quand ils sont presque adultes, et ça n'est pas un problème » ; « La plupart des couples ont des relations sexuelles quand ils sont grands, vers 17 ou 18 ans, mais ça peut être bien plus tard » ; « Pour être en couple, il faut en avoir envie. Il y a des gens qui en ont envie très tôt dans leur vie et d'autres qui n'en ont jamais envie, et ce n'est pas un problème. Le plus important, c'est d'écouter sa propre envie et de respecter celle de l'autre personne. »

✅ **Consultez en fin d'ouvrage la fiche d'accompagnement « l'amour » pour vous aider à préparer cette séance.**

Variantes

- Vous pouvez utiliser des visuels pour la première partie de la séance.

CM1

5

Séance 5

Les droits et les devoirs

COMPRÉHENSION DE LA LOI

⏱ 30 à 45 minutes

💬 Discussion

Objectif

➡ Connaître les principales règles applicables en fonction des espaces, des moments et des âges

➡ Avoir une pensée critique

➡ Être capable de gérer sa frustration

➡ Savoir communiquer efficacement

➡ Être capable de demander de l'aide

Pensez-y !

Une rencontre ou une réunion d'information avec les parents permet d'informer les parents sur les différentes règles qui s'appliquent à l'école. C'est également l'occasion d'être informé des règles qui s'appliquent au domicile de l'enfant (heure du coucher, utilisation des écrans, etc.), qui peuvent avoir un impact sur la santé et le développement des enfants auprès desquels vous intervenez.

Supports à prévoir

- Une liste des règles qui s'appliquent à l'école et ailleurs, rédigée par vos soins.

Déroulé

1. Demandez aux enfants de vous citer des choses qu'il est autorisé de faire, et ce qu'il est interdit de faire pour tout le monde, dans la société.

    Exemples de réponses attendues :
    - *Frapper.*
    - *Voler.*
    - *Tuer.*

2. Demandez aux enfants de vous citer des choses qu'il est interdit de faire quand on est un enfant, mais qui sont autorisées quand on est adulte, puis d'expliquer le sens de ces interdits. S'ils trouvent que certaines de ces règles sont injustes, invitez-les à argumenter.

3. Demandez aux enfants de vous dire ce qu'ils peuvent faire si quelqu'un se comporte mal avec eux, par exemple un adulte qui serait injuste avec eux. Demandez-leur de citer les personnes à qui ils peuvent demander de l'aide.

    Exemples de réponses attendues :
    - *Les enseignants, les parents, les policiers, les médecins, etc.*

    Pour aider, questionnez

    Est-ce que ça vous est déjà arrivé de trouver quelque chose injuste et d'avoir envie de le dire, mais vous n'avez pas osé ?

    Comment faire pour surmonter sa peur, pour aller parler à un adulte ? Vous pouvez par exemple écrire sur un papier et lui donner. Vous avez d'autres idées ?

    Et si vous vous confiez à un adulte et qu'il ne fait rien pour vous aider, à qui d'autre est-ce que vous pourriez vous confier ?

À prendre en considération

- N'hésitez jamais à énoncer une règle parce qu'elle vous semblerait trop évidente.

- Vous pouvez proposer des exemples déconcertants : « est-ce que vous avez le droit de venir tous nus à l'école ? De marcher à quatre pattes dans la classe ? »

- Si un propos vous surprend ou vous choque, ne vous forcez pas à réagir immédiatement, devant toute la classe, si vous ne vous en sentez pas capable. Chaque propos évoquant une situation potentiellement problématique devra faire l'objet d'une information préoccupante. N'hésitez jamais à demander de l'aide à un autre professionnel (collègue, hiérarchie, professionnel de santé, structure spécialisée, etc.).

- Certaines règles peuvent faire l'objet d'un débat, et vous-même pouvez être en difficulté pour savoir si telle ou telle situation est acceptable ou ne l'est pas, en fonction de la situation.

- Il est important que les enfants aient plusieurs interlocuteurs en tête qui pourraient leur apporter de l'aide, car il est fréquent que les mineurs en danger soient contraints de solliciter plusieurs adultes avant d'être aidés.

- Vous pouvez profiter de cette séance pour aborder le thème des Droits des enfants. L'Éducation nationale propose des contenus dédiés, certains développés avec l'Unicef.
Le site *defenseurdesdroits.fr* propose également des contenus.

- Profitez de cette séance pour présenter rapidement le dispositif 119, en apposant par exemple une affiche dans la classe.

Variantes

- Avec un groupe dissipé, vous pouvez citer des règles à l'oral, l'une après l'autre, en demandant aux enfants de lever une feuille verte ou une feuille rouge pour signifier si l'action est autorisée ou interdite. Vous désignerez alors des enfants pour expliquer le sens de leur réponse.

CM1

6

Séance 6

L'intimité, Internet

STÉRÉOTYPES ET REPRÉSENTATIONS

⏱ 30 à 45 minutes

✋ Activité manuelle

Objectif

➡ Avoir une pensée critique

➡ Discerner les espaces intimes et publics

➡ Savoir communiquer efficacement

➡ Porter un regard critique sur les contenus visionnés sur les réseaux sociaux

➡ Savoir résoudre les problèmes

➡ Savoir demander de l'aide

Pensez-y !

Une rencontre ou une réunion d'information avec les parents permet d'informer sur les dangers liés aux écrans, connectés ou non. Vous pouvez également leur rappeler que l'installation d'un filtre parental est absolument indispensable, et qu'il est préférable qu'un enfant d'élémentaire n'utilise un écran que sous la surveillance constante d'un adulte.

Supports à prévoir

- Feuilles, crayons ou feutres.

Déroulé

1. Interrogez les enfants sur leurs habitudes de consommation des réseaux sociaux.

    Exemples de réponses attendues :
    - *Moi je regarde des vidéos avec ma grande sœur, le soir avant d'aller au lit.*
    - *Moi, je me suis déjà filmé en train de faire une choré avec mon frère.*

2. Questionnez les enfants sur ce qu'ils accepteraient de partager de leur vie avec des inconnus rencontrés dans la rue.

    Pour aider, questionnez

    Si un inconnu te croisait dans la rue, est-ce que tu lui dirais ton nom ? Est-ce que tu lui donnerais ton adresse ? Est-ce que tu lui donnerais une photo de toi ?

3. Proposez aux enfants d'utiliser une feuille pour décider de ce qu'ils acceptent de partager ou non sur les réseaux sociaux :

    – ils inscrivent au recto de la feuille, en vert, ce qu'ils acceptent de partager sur les réseaux sociaux, en faisant le parallèle avec l'inconnu qu'ils croiseraient dans la rue,

    – ils inscrivent au verso de la feuille ce qu'ils préfèrent garder pour eux, leur famille et leurs amis proches.

4. Certains enfants sont invités à expliquer aux autres ce qu'ils acceptent de partager ou non, en argumentant. Les autres enfants peuvent réagir.

À prendre en considération

- Si vous savez qu'un enfant du groupe est régulièrement visible sur un écran (enfant acteur, enfant mis en scène par ses parents sur les réseaux sociaux, enfant ayant son propre compte, etc.), il est important de prendre en considération cette information, notamment pour mesurer le degré d'implication de l'enfant et éventuellement en informer les services sociaux.
- Chaque propos évoquant une situation potentiellement problématique devra faire l'objet d'une information préoccupante. N'hésitez jamais à demander de l'aide à un autre professionnel (collègue, hiérarchie, professionnel de santé, structure spécialisée, etc.).
- Il ne s'agit pas de vous mettre en situation d'enquêteur ni de délateur, mais de repérer les parents auprès desquels il serait judicieux que vous interveniez, afin de les conseiller dans leur mission éducative, si le terrain est favorable.

Variantes

- Vous pouvez démarrer la séance en parlant d'une musique populaire sur les réseaux sociaux, ou en diffusant le morceau tout en interrogeant les enfants pour savoir s'ils ont déjà entendu cette musique, et si c'est le cas, dans quel contexte.

CM1

7

Séance 7

Se présenter aux autres

AFFIRMATION DE SOI ET ALTÉRITÉ

⏱ 30 à 45 minutes
✋ Activité manuelle

Objectif

➡ Avoir conscience de soi

➡ Comprendre sa place dans la société

➡ Avoir une pensée créative

➡ Avoir une pensée critique

➡ Savoir communiquer efficacement

Supports à prévoir

- Feuilles, crayons ou feutres.

Déroulé

1. Répartissez les enfants en binôme, de préférence avec des enfants qu'ils connaissent peu ou avec qui ils ont habituellement peu d'interactions.

2. En échangeant sur leurs identités, leurs activités et leurs goûts, les enfants doivent trouver dix points communs puis dix différences avec leur binôme.

   Exemples de réponses attendues :
   - *On aime toutes les deux les fraises.*
   - *Moi je suis née en janvier et lui en septembre.*

3. Demandez à chaque enfant de faire le portrait de son binôme, en ajoutant au dessin des éléments que le binôme aime ou qui le représentent (des fraises, un flocon pour représenter le mois de janvier, etc.).

4. Demandez à chaque enfant de dessiner son autoportrait, en ajoutant au dessin des éléments qu'il aime ou qui le représentent (un chat, un ballon de foot, etc.).

5. Chaque enfant compare ensuite le portrait qu'il a fait de lui-même (comment je me vois), avec le portrait créé par son binôme (comment les autres me voient).

À prendre en considération

- Si le nombre des enfants est impair, vous pouvez participer en vous mettant en binôme avec un enfant.

Variantes

- Il est possible de réaliser les portraits en plusieurs temps, ce qui laisse aux enfants le temps de rassembler des éléments à coller sur leur portait (autocollants d'un personnage de fiction apprécié, bouchons de la boisson préférée, etc.)

Notes

CM2

1

Séance 1

Communiquer sans violence

INTELLIGENCE ÉMOTIONNELLE

CM2

⏱ 30 à 45 minutes

💬 Discussion

Objectif

➡ Repérer et verbaliser ses ressentis

➡ Savoir gérer ses émotions

➡ Savoir communiquer efficacement

Pensez-y !
Une rencontre ou une réunion d'information avec les parents permet de préparer le terrain de vos séances, ce qui sera bénéfique à la fois pour les enfants, pour leurs parents, et pour vous.

Supports à prévoir

- Imprimez les visages exprimant des émotions ou prévoyez de les projeter sur écran.

Déroulé

Faites défiler les visages exprimant des émotions.

Pour chaque image, questionnez les enfants en plusieurs temps :

1. « D'après vous, quelle est l'émotion ressentie par cet enfant ? ».

    ### Réponses attendues :
    - *On dénombre sept émotions de base : la joie, la surprise, la peur, la colère, le dégoût, la tristesse et la honte.*

2. « Essayez d'imaginer ce qui a pu lui arriver pour ressentir cette émotion. »

3. « Est-ce que ça vous arrive souvent de ressentir cette émotion ? À quelle occasion ? »

4. « Est-ce que cette émotion est agréable ou désagréable ?

5. « D'après vous, à quoi sert cette émotion ? »

    Vous pouvez donner ici des informations sur les émotions.

6. « Si cette émotion est désagréable, que faites-vous pour la dépasser ? »

    ### Exemples de réponses attendues :
    - *Si je suis en colère, je ferme les yeux et je respire calmement.*
    - *Si j'ai peur, je me répète dans la tête que tout va bien se passer.*
    - *Si je suis triste, je fais un câlin à mon chat.*

Vous pouvez proposer ici des techniques de gestion de l'angoisse.

À prendre en considération

- Le nombre et la liste des émotions de base varient en fonction des ouvrages. La sélection de ces sept émotions a été faite en fonction des objectifs poursuivis, notamment la prévention des violences. La honte est une émotion qui revient très souvent dans les contextes de violences, d'où sa présence. Dans le cas de certaines violences, par exemple sexuelles, le dégoût est également souvent présent. Il est important que les enfants puissent identifier ces émotions et poser des mots dessus.
- Il n'y a pas une seule façon d'exprimer chaque émotion, mais diverses manières de montrer aux autres ce que l'on ressent.
- Bien qu'un diagnostic ne puisse être posé que par des professionnels expérimentés après de nombreuses observations, cette séance peut néanmoins être une occasion de mieux repérer les enfants susceptibles d'avoir un trouble du spectre de l'autisme.

✅ **Consultez en fin d'ouvrage la fiche d'accompagnement « les émotions, les sentiments et les besoins » pour vous aider à préparer cette séance.**

✅ **Consultez en fin d'ouvrage la fiche d'accompagnement « les techniques de gestion de l'angoisse » pour vous aider à préparer cette séance.**

Variantes

- Vous pouvez démarrer la séance avec les témoignages des enfants, puis en les invitant à reconnaître les émotions ressenties lors de leur aventure.

CM2

2

Séance 2

Les rôles dans la société

STÉRÉOTYPES ET REPRÉSENTATIONS

🕒 30 à 45 minutes

💬 Discussion

Objectif

➡ Prendre conscience de sa propre identité

➡ Savoir communiquer efficacement

➡ Avoir de l'empathie pour les autres

➡ Prévenir les stéréotypes de genre

Pensez-y !

Une rencontre ou une réunion d'information avec les parents peut permettre de les alerter – sans les culpabiliser – sur l'impact négatif que peuvent avoir certains de leurs automatismes sur le développement de leur enfant (commentaires et réactions du type « ça, c'est pour les filles », « les garçons ne font pas ça »…)

Supports à prévoir

Aucun support à prévoir pour cette séance.

Déroulé

1. Demandez aux enfants de vous dire quel métier ils ont envie de faire plus tard.

2. Demandez aux enfants de vous citer un maximum de métiers qui sont indispensables pour le fonctionnement de notre société, en expliquant en quoi ils sont utiles aux autres.

   Exemples de réponses attendues :
   - *Les policiers, les médecins, les éboueurs, les enseignants, les caissiers…*

3. Demandez aux enfants s'il n'y aurait pas d'autres personnes, que l'on ne voit pas toujours, mais qui sont indispensables au bon fonctionnement de notre société.
   Vous pouvez leur donner des indices pour les aider.

   Exemples de réponses attendues :
   - *Les agriculteurs, les routiers, les juges, les ouvriers sur les chantiers, les agents de propreté de l'école ou de la Ville…*

   Pour aider, questionnez

   Pour ceux qui déjeunent à la cantine, quelles sont les personnes qui vous permettent de manger ? Combien de métiers différents, et combien de personnes ? On peut remonter la chaîne : la personne qui met la purée de pommes de terre dans votre assiette, la personne qui a cuisiné le plat, la personne qui a livré les ingrédients (pomme de terre, lait et beurre), les agriculteurs qui ont fait pousser les pommes de terre et les éleveurs qui ont trait la vache. Pour un seul repas, toutes ces personnes ont travaillé.

4. Demandez aux enfants de vous dire comment eux-mêmes aimeraient aider les autres plus tard, et quelle pourrait être leur place dans la société.

À prendre en considération

- Cette séance ne vise pas à culpabiliser les enfants qui rêvent de devenir astronautes, chanteurs ou influenceurs, mais de leur permettre de découvrir un grand nombre de métiers très utiles, parfois peu valorisés.
- Profitez de cette séance pour présenter rapidement le dispositif 119, en apposant par exemple une affiche dans la classe.

Variantes

- Vous pouvez dessiner des schémas complets à partir d'objets ou d'évènements (dans l'exemple proposé, une assiette de purée de pommes de terre) afin d'aider les enfants à bien visualiser les différentes personnes impliquées.

CM2

3

Séance 3

La puberté

CONNAISSANCES

⏱ 30 à 45 minutes

💬 Discussion

Objectif

➡ Avoir des connaissances sur la reproduction, la puberté, etc.

➡ Avoir une meilleure connaissance de l'anatomie humaine

➡ Savoir poser des questions sur l'intimité

➡ Avoir conscience de soi

Pensez-y !

Une rencontre ou une réunion d'information avec les parents peut prévenir la surprise et le malaise – voire la colère – de certains parents lorsqu'un enfant utilise certains mots appris à l'école pour désigner les zones génitales.

Supports à prévoir

- Imprimez au format A3 ou projetez sur un écran les différents personnages.

Déroulé

1. Présentez aux enfants les différents visuels du corps humain, à chaque âge de la vie, et demandez-leur de donner un âge approximatif aux personnages (réponses : 5, 10, 15, 35, 65 ans).

2. Demandez aux enfants de vous expliquer ce qu'il se passe entre 10 ans et 15 ans.

   Listez avec les enfants les différentes transformations du corps pendant la puberté.

   Exemples de réponses attendues :
   - *La puberté.*
   - *Les seins des filles qui poussent.*
   - *La barbe des garçons qui pousse.*

   Pour aider, questionnez

   D'après vous, est-ce que c'est normal d'avoir des poils autour du sexe, du pénis pour les garçons et de la vulve pour les filles ?

   D'après vous, à quel âge les filles ont-elles leurs premières menstruations ? Et à quel âge les garçons ont-ils leur première éjaculation ?

3. Les enfants sont ensuite invités à lister les personnes auprès desquelles ils peuvent poser leurs questions sur le corps, l'intimité ou la sexualité..

   Exemples de réponses attendues :
   - *Le personnel de santé de l'école ou du collège.*
   - *Le médecin de famille.*
   - *Des membres de leur famille (frère ou sœur, oncle ou tante, etc.).*

À prendre en considération

- Si vous sentez que vous maîtrisez mal ce sujet, ou craignez de vous sentir mal à l'aise, demandez à un membre du personnel de santé scolaire ou à un enseignant de co-animer cette séance avec vous.
- Il est normal que vous n'ayez pas toutes les réponses. Lorsque vous ne savez pas répondre, dites-le simplement et orientez vers une autre source ou un professionnel.
- Il est normal que ce sujet génère une excitation particulière, des rires, des commentaires déplacés, un inconfort de certains enfants. Nous vous invitons à anticiper cela, avec bienveillance, afin que la séance puisse se dérouler sereinement.
- Nommer les parties génitales est souvent difficile pour les adultes. Il est conseillé de nommer ces parties-là du corps comme vous le faites pour les autres parties du corps, sans insister particulièrement ni transmettre aux enfants votre éventuelle gêne. Vous pouvez accepter les mots proposés par les enfants (« zizi », « zézette », etc.) puis **leur proposer d'autres mots, afin qu'ils les connaissent** : « sexe » pour les deux enfants, « pénis » pour les garçons, « vulve » pour les filles (et non « vagin », qui correspond à la partie interne et donc non visible depuis l'extérieur du corps).
- Il est important que les enfants comprennent que, s'il y a des différences entre les individus (longueur des cheveux, couleur des yeux, certains handicaps physiques, etc.), il n'y a en revanche qu'une seule chose qui distingue les filles des garçons : l'appareil génital.
- Si vous ressentez une gêne des enfants lorsque vous abordez certaines parties du corps, surtout les zones génitales (mais pas uniquement), restez en alerte afin de comprendre le sens de ce malaise, et sollicitez des professionnels de santé si nécessaire. En cas de suspicion de maltraitance, n'hésitez jamais à effectuer une information préoccupante, même si vous n'avez pas l'aval de votre hiérarchie.
- Cette séance peut dévier vers le sujet de la pornographie. Il sera alors judicieux de rappeler le caractère fictionnel de ces vidéos, qui sont conçus pour les adultes, et pas du tout adaptées à un public d'enfants.

✅ **Consultez en fin d'ouvrage la fiche d'accompagnement « la puberté » pour vous aider à préparer cette séance.**

Variantes

- Vous pouvez proposer aux enfants, en amont de la séance, de glisser dans une boîte aux lettres dédiée toutes leurs questions concernant l'amour, la puberté et la sexualité.

CM2

4

Séance 4

Verbaliser ses sentiments

AFFIRMATION DE SOI ET ALTÉRITÉ

⏱ 30 à 45 minutes

💬 Discussion

Objectif

➡ Avoir conscience de soi

➡ Savoir communiquer efficacement

➡ Avoir de l'empathie pour les autres

➡ Avoir une pensée critique

Pensez-y !

Une rencontre ou une réunion d'information avec les parents permet de les rassurer sur leur mission éducative. Il est important qu'ils comprennent par exemple que l'adulte doit répondre de façon équilibrée à la demande d'affection de l'enfant, sans renverser les rôles (l'enfant n'est pas là pour répondre aux besoins affectifs de l'adulte).

Supports à prévoir

- Feuilles, crayons ou feutres.
- Un miroir qui peut circuler de main en main (incassable et léger).

Déroulé

1. Demandez à chaque enfant de se regarder à tour de rôle dans un miroir, droit dans les yeux, et de dire à voix haute une chose qu'il aime chez lui. Il peut s'agir d'une qualité physique, d'une qualité humaine, d'une action qui l'a rendu fier, ou autre chose, tant que cela est positif et valorisant.

   Chaque enfant se regarde dans les yeux, puis commence sa phrase par :
   « ce que j'aime chez moi, c'est … »

2. Questionnez les enfants sur les qualités qu'ils aiment chez les autres.

   > Exemples de réponses attendues :
   > - La gentillesse, l'honnêteté, la beauté, l'intelligence…

3. Demandez aux enfants de vous expliquer ce qu'est le sentiment amoureux et ce que l'on ressent physiquement quand on est amoureux.

   Pour aider, questionnez

   Bien sûr, vous n'êtes pas obligés de répondre, ou de dire de qui il s'agit, mais je voudrais savoir si certains d'entre vous ont déjà été amoureux, pour qu'ils expliquent aux autres ce que l'on ressent quand on est amoureux.
   Qu'est-ce que l'on fait ensemble quand on est amoureux ?

4. Demandez aux enfants comment on peut s'y prendre pour dire quelque chose de difficile :

   – Dire à quelqu'un qu'on l'aime bien.
   – Proposer à quelqu'un de sortir ensemble.
   – Dire à quelqu'un qu'on ne veut pas sortir avec elle ou lui.
   – Rompre.

   Invitez les enfants à proposer différentes façons de faire, en les invitant à chaque fois à se mettre à la place de l'autre : « Et toi, tu aimerais l'apprendre comme ça ? Qu'est-ce que tu ressentirais ? »

À prendre en considération

- Il est important que chaque enfant ait l'opportunité de se regarder dans le miroir et de se trouver une qualité. Si cet exercice est trop angoissant à faire devant les autres, prenez le temps de le faire avec les enfants individuellement, durant des récréations.
- La dernière partie de la séance permet d'informer les enfants sur les comportements inadaptés ou cruels.
- Cette séance peut être l'occasion de repérer des situations problématiques. Un enfant de CM2 qui déclarerait « être en couple » ou « sortir » avec un adolescent de 4ème, serait un signal d'alerte.
- Les enfants peuvent également s'interroger sur l'âge à partir duquel les amoureux s'embrassent ou ont des relations sexuelles. Il sera alors important de les rassurer. Exemples : « Il n'y a pas d'âge spécifique pour un premier baiser sur la bouche, certaines personnes embrassent pour la première fois quand ils sont presque adultes, et ça n'est pas un problème » ; « La plupart des couples ont des relations sexuelles quand ils sont grands, vers 17 ou 18 ans, mais ça peut être bien plus tard » ; « Pour être en couple, il faut en avoir envie. Il y a des gens qui en ont envie très tôt dans leur vie, et d'autres qui n'en ont jamais envie, et ce n'est pas un problème. Le plus important, c'est d'écouter sa propre envie, et de respecter celle de l'autre personne. »

✅ **Consultez en fin d'ouvrage la fiche d'accompagnement « l'amour » pour vous aider à préparer cette séance.**

Variantes

- Si vous craignez un groupe peu participatif, vous pouvez préparer des situations en amont de la séance, puis interroger les enfants sur le degré d'acceptabilité de ces situations, en votant « acceptable » ou « inacceptable ».
  Exemple : « Une fille de CM2 demande à un garçon de sa classe s'il veut bien sortir avec elle. Il répond qu'elle est trop moche pour lui. » Est-ce que cette réponse est « acceptable » ou « inacceptable » ?

CM2

5

Séance 5

La loi et ses limites

CM2

COMPRÉHENSION DE LA LOI

⏱ 30 à 45 minutes
✅ Quiz

Objectif

➡ Connaître les principales règles applicables en fonction des espaces, des moments et des âges

➡ Avoir une pensée critique

➡ Être capable de gérer sa frustration

➡ Savoir communiquer efficacement

➡ Être capable de demander de l'aide

Pensez-y !

Une rencontre ou une réunion d'information avec les parents permet d'informer les parents sur les différentes règles qui s'appliquent à l'école. C'est également l'occasion d'être informé des règles qui s'appliquent au domicile de l'enfant (heure du coucher, utilisation des écrans, etc.), qui peuvent avoir un impact sur la santé et le développement des enfants auprès desquels vous intervenez.

Supports à prévoir

- Imprimer sur des feuilles volantes pour chaque enfant les trois pancartes : autorisé, interdit, ça dépend.

Déroulé

Cette séance est un jeu. Les enfants doivent voter pour déterminer si ce que vous leur dites est autorisé, interdit, ou si cela dépend de la situation. Les enfants sont invités à argumenter pour tenter de convaincre les autres, qui peuvent alors changer d'avis.
Vous donnez la réponse avant de passer à la situation suivante.

Propositions de situations

Emprunter le jeu d'un autre enfant sans lui demander la permission. [ça dépend, si on a l'autorisation de ses parents, on peut emprunter le jeu.]

Demander à quelqu'un que l'on ne connaît pas son prénom. [autorisé.]

Miauler comme un petit chat. [autorisé.]

À la piscine, baisser le maillot de bain d'un copain pour rigoler. [interdit.]

Prendre quelqu'un dans ses bras sans lui avoir demandé la permission. [ça dépend, normalement on demande la permission, mais si c'est un tout petit enfant qui pleure, il a peut-être besoin d'être consolé.]

Soulever la jupe d'une fille pour voir sa culotte [interdit.]

Faire croire à une amie qu'on est parti en vacances sur la Lune, pour lui faire une blague. [autorisé.]

Préparer une fête surprise pour son ami. [autorisé.]

Insulter quelqu'un qui vous a mal regardé. [interdit.]

Faire pipi dans la rue. [ça dépend, normalement c'est interdit, sauf s'il n'y a vraiment aucun autre moyen, par exemple parce que tous les commerces sont fermés.]

Aider quelqu'un qui a du mal à marcher à traverser la rue. [autorisé.]

Répéter un secret. [ça dépend, répéter un secret à un adulte, pour protéger quelqu'un qui est en danger ou en difficulté, ce n'est pas interdit.]

Donner une partie de son goûter à quelqu'un qui a faim. [autorisé.]

Faire croire à un copain qu'un monsieur est entré dans l'école avec un pistolet. [interdit.]

Manger avec les doigts. [ça dépend, si c'est un sandwich, on peut.]

Offrir un dessin à la personne que l'on aime. [autorisé.]

Jeter des cailloux sur un chien. [interdit.]

Danser le cha-cha-cha déguisé en canard. [autorisé.]

À prendre en considération

- Ce jeu ne se prête pas à la compétition (exemple : compter les points), mais plutôt à des échanges constructifs entre enfants.
- N'hésitez jamais à énoncer une règle parce qu'elle vous semblerait trop évidente.

Variantes

- Vous pouvez demander aux enfants d'inventer d'autres situations pour lesquelles il est difficile de savoir si c'est autorisé ou interdit.

CM2

6

Séance 6

L'amitié, les réseaux sociaux

AFFIRMATION DE SOI ET ALTÉRITÉ

- 30 à 45 minutes
- Activité manuelle

Objectif

➡ Avoir une pensée critique

➡ Discerner les espaces intimes et publics

➡ Savoir communiquer efficacement

➡ Porter un regard critique sur les contenus visionnés sur les réseaux sociaux

➡ Savoir résoudre les problèmes

➡ Savoir demander de l'aide

Pensez-y !

Une rencontre ou une réunion d'information avec les parents permet d'informer sur les dangers liés aux écrans, connectés ou non. Vous pouvez également leur rappeler que l'installation d'un filtre parental est absolument indispensable, et qu'il est préférable qu'un enfant d'élémentaire n'utilise un écran que sous la surveillance constante d'un adulte.

Supports à prévoir

- Feuilles, crayons ou feutres.

Déroulé

1. Interrogez les enfants sur leurs habitudes de consommation des réseaux sociaux.

   Exemples de réponses attendues :
   - *Moi je regarde des vidéos avec ma grande sœur, le soir avant d'aller au lit.*
   - *Moi, je me suis déjà filmé en train de faire une choré avec mon frère.*

2. Questionnez les enfants sur ce qu'ils accepteraient de partager de leur vie avec des inconnus rencontrés dans la rue.

   Pour aider, questionnez

   Si un inconnu te croisait dans la rue, est-ce que tu lui dirais ton nom ? Est-ce que tu lui donnerais ton adresse ? Est-ce que tu lui donnerais une photo de toi ?

3. Proposez aux enfants d'utiliser une feuille pour décider de ce qu'ils acceptent de partager ou non sur les réseaux sociaux :

   – ils inscrivent au recto de la feuille, en vert, ce qu'ils acceptent de partager sur les réseaux sociaux, en faisant le parallèle avec l'inconnu qu'ils croiseraient dans la rue,

   – ils inscrivent au verso de la feuille ce qu'ils préfèrent garder pour eux, leur famille et leurs amis proches.

4. Certains enfants sont invités à expliquer aux autres ce qu'ils acceptent de partager ou non, en argumentant. Les autres enfants peuvent réagir.

5. Demandez aux enfants s'il leur est déjà arrivé de voir des contenus choquants, interdits, ou qui les ont perturbés. Si c'est le cas, ont-ils pu en parler à un adulte ?

6. Demandez aux enfants de vous citer les personnes à qui ils peuvent demander de l'aide en cas de besoin.

À prendre en considération

- Si vous savez qu'un enfant du groupe est régulièrement visible sur un écran (enfant acteur, enfant mis en scène par ses parents sur les réseaux sociaux, enfant ayant son propre compte, etc.), il est important de prendre en considération cette information, notamment pour mesurer le degré d'implication de l'enfant et éventuellement en informer les services sociaux.
- Chaque propos évoquant une situation potentiellement problématique devra faire l'objet d'une information préoccupante. N'hésitez jamais à demander de l'aide à un autre professionnel (collègue, hiérarchie, professionnel de santé, structure spécialisée, etc.).
- Il ne s'agit pas de vous mettre en situation d'enquêteur ni de délateur, mais de repérer les parents auprès desquels il serait judicieux que vous interveniez, afin de les conseiller dans leur mission éducative, si le terrain est favorable.

Variantes

- Vous pouvez démarrer la séance en parlant d'une musique populaire sur les réseaux sociaux, ou en diffusant le morceau tout en interrogeant les enfants pour savoir s'ils ont déjà entendu cette musique, et si c'est le cas, dans quel contexte.

CM2

7

Séance 7

Ce qui est vrai, ce qui est faux

AFFIRMATION DE SOI ET ALTÉRITÉ

⏱ 30 à 45 minutes
✅ Quiz

Objectif

➡ Avoir une pensée critique

➡ Savoir résoudre les problèmes

➡ Savoir communiquer efficacement

➡ Avoir une pensée créative

➡ Savoir prendre des décisions

Supports à prévoir

- Imprimez pour chaque enfant trois visuels : possible, impossible, j'hésite.

Déroulé

Cette séance est un jeu. Les enfants doivent voter pour déterminer si ce que vous leur dites est possible, impossible ou s'ils hésitent. Les enfants qui pensent qu'un fait est possible ou impossible doivent argumenter afin de convaincre les hésitants, qui peuvent alors changer d'avis.

Vous donnez la réponse avant de passer au fait suivant.

Propositions de situations

Certains humains ont des pouvoirs magiques. [impossible, la magie, ça n'existe pas dans la réalité.]

Un humain a déjà atteint l'âge de 122 ans. [possible.]

Un cheval peut courir aussi vite qu'une voiture sur l'autoroute. [impossible, un cheval peut courir à 88 km/h, une voiture sur l'autoroute roule à 130 km/h.]

Le plus long dinosaure mesurait 37 mètres de long. [possible, c'est le Patagotitan mayorum.]

Un paresseux peut retenir sa respiration pendant 40 minutes. [possible.]

Certaines personnes ont un pouvoir qui leur permet de communiquer avec les morts. [impossible.]

Il existe un animal qui possède trois cœurs. [possible : les pieuvres possèdent huit bras, neuf cerveaux et trois cœurs.]

Certains humains peuvent respirer naturellement sous l'eau. [impossible.]

Une fille de onze ans dort seulement quatre heures par nuit et reste en bonne santé. [impossible, un enfant de onze ans doit dormir entre 9 et 12 heures chaque nuit pour rester en bonne santé.]

La langue d'une baleine bleue peut peser autant qu'un éléphant. [possible.]

On peut sauter d'un avion qui vole très haut sans parachute, dans l'eau, sans se faire mal. [impossible, avec la hauteur et la vitesse de la chute, l'eau devient aussi dure que du béton.]

Il existe une espèce de tortue qui respire par l'anus (le trou des fesses). [possible : la tortue de Fitzroy, qui nage avec le derrière en l'air.]

On peut fredonner un air de musique en se pinçant le nez. [impossible.]

Le moustique est l'animal qui tue le plus d'humains, bien plus que les requins. [possible, le moustique tue presque un million d'humains chaque année, quand le requin en tue moins de dix.]

À prendre en considération

- L'un des enjeux de cette séance est de permettre aux enfants de différencier la réalité et la fiction et de rappeler certaines règles de sécurité. Il ne s'agit pas de briser leurs croyances, mais plutôt de leur permettre de développer leur capacité à repérer les choses impossibles ou dangereuses.
- Lorsque vous donnez des dimensions, essayez de proposer un exemple concret, visualisable. Exemple : « 37 mètres, c'est presque la largeur d'un petit stade de foot ».
- Certains enfants auront naturellement tendance à monopoliser la parole et parviendront aisément à convaincre les autres. Essayez de faire réagir des enfants plus silencieux, ou les enfants qui ont un avis contraire au reste du groupe, afin qu'ils puissent exposer leur point de vue malgré la pression de leurs pairs.

Variantes

- Vous pouvez proposer des visuels (trouvés/créés par vos soins) afin de concrétiser les faits proposés.

Notes

OPTIONNEL

Séance de relaxation 1

1,2,3, je ferme les yeux

INTELLIGENCE ÉMOTIONNELLE

- 5 à 10 minutes
- Média

Objectif

→ Avoir une pensée créative

→ Savoir gérer ses émotions

→ Savoir gérer son stress

Supports à prévoir

- Prévoyez un système audio (téléphone portable, ordinateur, etc.) pour diffuser le fichier audio téléchargeable sur edsens.fr.

Déroulé

1. Demandez aux enfants de vous donner leurs techniques pour soulager l'angoisse.

    Exemples de réponses attendues :
    - *On peut faire un câlin.*
    - *On peut taper sur le canapé.*
    - *Moi je dessine.*

    Pour aider, questionnez

    Qu'est-ce qu'on peut faire pour éviter de taper ?
    Est-ce que ça fonctionne quand tu fais ça ?
    Et les autres, vous faites pareil ou vous avez d'autres solutions ?

2. Expliquez aux enfants que vous allez leur proposer une autre solution, qui s'appelle la relaxation. Posez les règles que vous souhaitez.

3. Demandez aux enfants de trouver une position confortable (allongés par terre, assis...).

4. Diffusez la séance audio de relaxation « 1,2,3, je ferme les yeux » (4 minutes 30).

5. À la fin de la séance, demandez aux enfants de vous raconter ce qu'ils ont ressenti pendant la séance.

À prendre en considération

- Prévoyez un passage aux sanitaires avant la séance de relaxation, qui peut être propice à des endormissements ou à des états de conscience limitant la capacité des enfants à ressentir l'envie d'aller aux toilettes.
- Certains enfants peuvent avoir de grandes difficultés à se détendre assez pour pouvoir participer. S'ils ne sont pas capables de rester allongés, proposez-leur une activité calme et silencieuse, respectueuse des autres enfants.
- Lors de la phase de bilan de la séance, certains enfants peuvent vous raconter ce qu'ils ont vécu (l'histoire entendue) plutôt que ce qu'ils ont ressenti. C'est tout à fait normal.

✅ **Consultez en fin d'ouvrage la fiche d'accompagnement « les techniques de gestion de l'angoisse » pour vous aider à préparer cette séance.**

Variantes

- Vous pouvez proposer votre propre séance de relaxation, en vous inspirant d'un des sujets suivant :

    – une visite au zoo sur le dos d'une girafe.

    – une promenade sur la plage.

    – à la rencontre des couleurs.

OPTIONNEL

Séance de relaxation 2

Petite séance de relaxation

INTELLIGENCE ÉMOTIONNELLE

- 5 à 10 minutes
- Média

Objectif

➡ Avoir une pensée créative

➡ Savoir gérer ses émotions

➡ Savoir gérer son stress

Supports à prévoir

- Prévoyez un système audio (téléphone portable, ordinateur, etc.) pour diffuser le fichier audio téléchargeable sur edsens.fr.

Déroulé

1. Demandez aux enfants de vous donner leurs techniques pour soulager l'angoisse.

   Exemples de réponses attendues :
   - *On peut faire un câlin.*
   - *On peut taper sur le canapé.*
   - *Moi je dessine.*

   Pour aider, questionnez

   Qu'est-ce qu'on peut faire pour éviter de taper ?
   Est-ce que ça fonctionne quand tu fais ça ?
   Et les autres, vous faites pareil ou vous avez d'autres solutions ?

2. Expliquez aux enfants que vous allez leur proposer une autre solution, qui s'appelle la relaxation. Posez les règles que vous souhaitez.

3. Demandez aux enfants de trouver une position confortable (allongés par terre, assis…).

4. Diffusez la séance audio de relaxation « Petite séance de relaxation » (4 minutes 40).

5. À la fin de la séance, demandez aux enfants de vous raconter ce qu'ils ont ressenti pendant la séance.

À prendre en considération

- Prévoyez un passage aux sanitaires avant la séance de relaxation, qui peut être propice à des endormissements ou à des états de conscience limitant la capacité des enfants à ressentir l'envie d'aller aux toilettes.
- Certains enfants peuvent avoir de grandes difficultés à se détendre assez pour pouvoir participer. S'ils ne sont pas capables de rester allongés, proposez-leur une activité calme et silencieuse, respectueuse des autres enfants.
- Lors de la phase de bilan de la séance, certains enfants peuvent vous raconter ce qu'ils ont vécu (l'histoire entendue) plutôt que ce qu'ils ont ressenti. C'est tout à fait normal.

✅ **Consultez en fin d'ouvrage la fiche d'accompagnement « les techniques de gestion de l'angoisse » pour vous aider à préparer cette séance.**

Variantes

- Vous pouvez proposer votre propre séance de relaxation, en vous inspirant d'un des sujets suivant :

    – une visite au zoo sur le dos d'une girafe.

    – une promenade sur la plage.

    – à la rencontre des couleurs.

OPTIONNEL

Séance de relaxation 3

Je touche les nuages

INTELLIGENCE ÉMOTIONNELLE

⏱ 20 à 30 minutes

🖥 Média

Objectif

➡ Avoir une pensée créative

➡ Savoir gérer ses émotions

➡ Savoir gérer son stress

Supports à prévoir

- Prévoyez un système audio (téléphone portable, ordinateur, etc.) pour diffuser le fichier audio téléchargeable sur edsens.fr.

Déroulé

1. Demandez aux enfants de vous donner leurs techniques pour soulager l'angoisse.

> Exemples de réponses attendues :
> - *On peut faire un câlin.*
> - *On peut taper sur le canapé.*
> - *Moi je dessine.*

Pour aider, questionnez

Qu'est-ce qu'on peut faire pour éviter de taper ?

Est-ce que ça fonctionne quand tu fais ça ?

Et les autres, vous faites pareil ou vous avez d'autres solutions ?

2. Expliquez aux enfants que vous allez leur proposer une autre solution, qui s'appelle la relaxation. Posez les règles que vous souhaitez.

3. Demandez aux enfants de trouver une position confortable (allongés par terre, assis...).

4. Diffusez la séance audio de relaxation « Je touche les nuages » (16 minutes 40).

5. À la fin de la séance, demandez aux enfants de vous raconter ce qu'ils ont ressenti pendant la séance.

À prendre en considération

- Prévoyez un passage aux sanitaires avant la séance de relaxation, qui peut être propice à des endormissements ou à des états de conscience limitant la capacité des enfants à ressentir l'envie d'aller aux toilettes.
- Certains enfants peuvent avoir de grandes difficultés à se détendre assez pour pouvoir participer. S'ils ne sont pas capables de rester allongés, proposez-leur une activité calme et silencieuse, respectueuse des autres enfants.
- Lors de la phase de bilan de la séance, certains enfants peuvent vous raconter ce qu'ils ont vécu (l'histoire entendue) plutôt que ce qu'ils ont ressenti. C'est tout à fait normal.

✅ **Consultez en fin d'ouvrage la fiche d'accompagnement « les techniques de gestion de l'angoisse » pour vous aider à préparer cette séance.**

Variantes

- Vous pouvez proposer votre propre séance de relaxation, en vous inspirant d'un des sujets suivant :

    – une visite au zoo sur le dos d'une girafe.

    – une promenade sur la plage.

    – à la rencontre des couleurs.

FICHE D'ACCOMPAGNEMENT

FICHE D'ACCOMPAGNEMENT

LES ÉMOTIONS, LES SENTIMENTS ET LES BESOINS

Savoir distinguer sensations, émotions et sentiments

- Les sensations, c'est ce que l'on ressent en premier, physiquement : agréable ou désagréable, chaud ou froid, doux ou rugueux…
- Les émotions, c'est ce qui vient ensuite. On compte habituellement 7 émotions : la joie, la colère, la peur, la tristesse, la surprise, la honte et le dégoût.
- Les sentiments, c'est la façon dont on ressent les évènements : bouleversé, fier, ému, confiant, soucieux, gêné, déçu, calme, satisfait, rassuré, intéressé, agacé…

La tristesse

Elle permet d'accepter la séparation ou la perte de quelqu'un ou de quelque chose.
La tristesse nous permet aussi d'apprendre la frustration.

L'amour

Il permet de se sentir moins seul en donnant envie de se rapprocher des autres.
Quand on se sent relié à quelqu'un, on peut se sentir plus fort.

La colère

Elle permet de s'indigner lorsqu'on est confronté à une situation qui nous semble inacceptable.
La colère nous permet de réagir quand on se sent blessé.

La honte

Elle permet de se conformer à des règles de vie en communauté et d'éviter de se sentir rejeté par les autres.

La honte permet aussi de nous empêcher de faire du mal aux autres.

La joie

Elle permet de se sentir connecté avec les autres personnes en nous donnant envie de partager un moment de plaisir.

La joie donne du sens à notre vie.

La peur

Elle permet de se protéger des dangers en nous faisant ressentir très fortement la présence d'un risque.

La peur assure notre protection.

Le dégoût

Il permet lui aussi de se protéger des dangers en nous faisant ressentir une sensation très désagréable : goût, odeur, mal-être…

Le dégoût, comme la peur, assure notre protection.

Vous retrouverez ces informations et beaucoup d'autres dans le *Cahier de bonheur (rien que) pour les enfants*, disponible sur **1vie.org**.

Exemples de sentiments agréables

SÉRÉNITÉ
calme
serein
tranquille
détendu
apaisé
soulagé
sensible
absorbé
concentré
en confiance
satisfait
relaxé
centré
béat
zen
détaché
rassuré
comblé
confiant
ouvert
inspiré
rasséréné
centré
à l'aise
décontracté
confortable

AMOUR
amical
sensible
plein d'affection
empli de tendresse
plein d'appréciation
compatissant
reconnaissant
nourri

en expansion
ouvert
émerveillé
plein de gratitude
rafraîchi
libéré

JOIE
gai
heureux
léger
en expansion
excité
joyeux
frémissant de joie
de bonne humeur
satisfait
ravi
réjoui
plein de courage
reconnaissance
confiant
inspiré
soulagé
rassuré
touché
épanoui
gonflé à bloc
béat
hilare
transporté de joie
en effervescence
en extase

INTÉRÊT
curieux
intrigué

captivé
ébloui
bouleversé
éveillé
mobilisé à
passionné
fasciné
électrisé

SURPRISE
ébahi
étonné
surpris

GAITÉ
égayé
enjoué
plein d'énergie
revigoré
enthousiaste
plein d'entrain
rafraîchi
stimulé
d'humeur espiègle
plein de vie
vivifié
exubérant
étourdi
aventureux
émoustillé
pétillant
admiratif
alerte
amusé
attendri
attentif
aux anges

Exemples de sentiments désagréables

TRISTESSE
navré
peiné
mélancolique
sombre
découragé
désabusé
en détresse
déprimé
d'humeur noire
consterné
démoralisé
désespéré
dépité
seul
impuissant
sur la réserve
mécontent
malheureux
chagriné
cafardeux
blessé
abattu
débordé

FATIGUE
épuisé
inerte
léthargique
indifférent
ramolli
las
dépassé
impuissant
lourd
endormi
saturé
sans élan
rompu

DÉGOÛT
dégoûté
écœuré

PEUR
alarmé
apeuré
angoissé
anxieux
inquiet
effrayé
gêné
transi
tendu
sur ses gardes
bloqué
craintif
avec la trouille

TERREUR
ahuri
terrifié
horrifié
glacé de peur
paniqué
terrorisé
épouvanté
frappé de stupeur
engourdi

SURPRISE
stupéfait
perplexe
sidéré
choqué
effaré
abasourdi
ébahi
hésitant
démuni
désorienté

COLÈRE
en colère
enragé
exaspéré
agacé
contrarié
nerveux
irrité
qui en a marre
amer
plein de ressentiment
horripilé
crispé
ulcéré
excédé

FUREUR
furieux
hors de soi
enragé

CONFUSION
perplexe
hésitant
troublé
inconfortable
embrouillé
tiraillé
partagé
déchiré
embarrassé
embêté
mal à l'aise
frustré
méfiant
bloqué
agité

Exemples de besoins

SURVIE
abri
air, respiration
alimentation
évacuation
hydratation
lumière
repos
reproduction (survie espèce)
mouvement / exercice
rythme (respect du)

SÉCURITÉ
confiance
harmonie
paix
préservation (temps / énergie)
protection
réconfort
sécurité
soutien

LIBERTÉ
autonomie
indépendance
émancipation
libre arbitre (exercice de son)
spontanéité
souveraineté

RÉCRÉATION
défoulement / détente
jeu
récréation
ressourcement
rire

BESOINS RELATIONNELS
appartenance
attention
communion
compagnie
contact
empathie
intimité
partage
proximité
amour
chaleur humaine
délicatesse / tact
honnêteté / sincérité
respect

IDENTITÉ
cohérence / accord avec ses valeurs
affirmation de soi
appartenance identitaire
authenticité
confiance en soi
estime de soi / de l'autre
évolution
respect de soi / de l'autre
intégrité

PARTICIPATION
contribuer au bien être ou à l'épanouissement de soi / de l'autre
coopération
concentration
co-création
connexion
expression

interdépendance

ACCOMPLISSEMENT DE SOI
actualisation de ses potentialités
beauté
création
expression
inspiration
réalisation
choix de ses projets de vie / valeurs / opinions / rêves…
évolution / apprentissage
spiritualité

SENS
clarté
comprendre
discernement
orientation
signification
transcendance
unité
communion

CÉLÉBRATION
appréciation
contribution à la vie des autres / de la mienne
partage des joies / peines
prendre la mesure du deuil et de
la perte (occasion / affection / rêve)
ritualisation
reconnaissance / gratitude

FICHE D'ACCOMPAGNEMENT

FICHE D'ACCOMPAGNEMENT

LES TECHNIQUES DE GESTION DE L'ANGOISSE

Les enfants qui ressentent trop de stress dorment moins bien, se sentent donc fatigués et sont de moins bonne humeur.

Imaginer le pire

Tu peux commencer par imaginer le pire. Si tu as peur d'être interrogé devant toute la classe et d'oublier ta poésie, ferme les yeux et imagine la scène. Ça ressemble à un cauchemar ? Pourtant, ce n'est pas si grave. Au pire, tu te feras d'abord un peu gronder, puis les mots reviendront, et tu réciteras la poésie entière sans erreur. Dans la vie, il arrive rarement des choses vraiment graves, alors sois rassuré.

Respirer calmement

Ferme les yeux, pose tes mains sur ton ventre, et respire tout doucement, comme s'il y avait une bougie devant ta bouche et que tu ne devais pas l'éteindre. Concentre-toi sur ta respiration, puis écoute les sons. Tu entendras les bruits de dehors, les bruits de la pièce, et si tu te concentres bien, tu entendras peut-être les petits bruits du corps, que l'on n'entend pas habituellement.

Rire

Le rire est un bon moyen de soulager ses angoisses. Tu peux demander à des amis de te raconter des blagues, ou regarder une vidéo qui fait rire.

Tu peux aussi fermer les yeux et essayer de te souvenir que ton dernier fou rire.

Et si rien de tout cela ne fonctionne, tu peux aller devant un miroir et faire des grimaces.

Le point sur le mur

Quand tu te sens pris dans tout un tas d'émotions désagréables, tu peux trouver un point très précis sur le mur en face de toi (une petite tache de peinture, une poussière, ou n'importe quoi d'autre). Tu te concentres sur ce point et tu oublies tout le reste pendant quelques secondes ou quelques minutes.

Respirer fort

Allonge-toi par terre et ferme les yeux. Pose tes mains sur ton ventre, et inspire profondément par le nez. Retiens ta respiration pendant 3 secondes, puis expire lentement jusqu'à vider tes poumons. Recommence 3 fois.

La chanson préférée

Va dans un endroit calme et silencieux, puis écoute ta musique préférée en fermant les yeux. Si tu n'as pas d'appareil pour écouter ta chanson, tu peux aussi la fredonner ou la chanter.

Muscles contractés

Assieds-toi et contracte les muscles de tes bras pendant 5 secondes. Puis décontracte tout ton corps pendant 30 secondes. Recommence avec les muscles des jambes. Puis avec tous les muscles de ton corps.

Parler

Va voir un adulte et demande-lui un moment d'attention. Raconte-lui ce que tu ressens, puis en remontant le fil du temps essaie de te souvenir de chaque évènement qui a causé un peu plus de stress et de confusion en toi.

Souvenir heureux

Ferme les yeux et essaie de te souvenir d'un moment où tu t'es senti vraiment bien. C'était peut-être en ouvrant des cadeaux, ou en jouant avec des amis.

Lieu préféré

Ferme les yeux et imagine que tu te trouves dans un lieu que tu aimes et dans lequel tu te sens bien. C'est peut-être une pièce, comme ta chambre, ou ton lit. C'est peut-être dehors, sur une balançoire, ou sur la plage. Essaie de te souvenir de toutes les sensations : le vent sur ton visage, la chaleur sur ta peau, l'air qui entre dans tes narines…

Respiration carrée

Inspire pendant 4 secondes, retiens ta respiration pendant 4 secondes, expire pendant 4 secondes, garde tes poumons vides pendant 4 secondes. Recommence.

Le câlin

Serre très fort contre toi une personne que tu aimes, un coussin ou une peluche.

Le tableau des couleurs

Ferme les yeux, et imagine la couleur qui ressemble le plus à ce que tu ressens. Imagine ensuite la couleur de la sensation vers laquelle tu souhaiterais aller. Prends ensuite de la peinture imaginaire, et peins la couleur souhaitée par-dessus la couleur actuelle. Prends le temps de bien étaler la peinture dans tous les recoins de ton tableau imaginaire.

Danser

Dehors, ou dans une grande pièce, avec ou sans musique, balance-toi d'un côté puis de l'autre, tourne sur toi-même, balance ta tête, bouge tes jambes et danse lentement ou en sautant dans tous les sens.

Vous retrouverez certaines de ces informations et beaucoup d'autres dans le *Cahier de bonheur (rien que) pour les enfants*, disponible sur **1vie.org**.

FICHE D'ACCOMPAGNEMENT

FICHE D'ACCOMPAGNEMENT

L'AMOUR

Le coup de foudre

On entend beaucoup parler du coup de foudre, mais comment sait-on quand on en a un ?

Il existe plusieurs types d'amour. Il y a l'amour pour ses parents, pour ses frères et sœurs, pour ses animaux domestiques. On peut aussi aimer très fort ses amis (on parle alors d'amitié).

Parfois, on ressent quelque chose d'encore plus fort, de différent, pour quelqu'un. Quand on voit cette personne, le cœur se met à battre plus vite, on sent comme des petits tourbillons dans le ventre et on a du mal à détacher son regard de cette personne. On peut aussi sentir comme un nœud dans la gorge quand on parle à cette personne et les mots ont du mal à sortir dans le bon ordre. Beaucoup de gens ressentent cela lors d'un coup de foudre, mais on peut aussi le vivre autrement. Et puis on peut aussi tomber amoureux sans avoir eu de coup de foudre.

Il y a plein de façons d'être amoureux. Parfois c'est réciproque (l'autre nous aime en retour), et parfois pas, et ça peut rendre triste.

Souvent on tombe amoureux plusieurs fois au cours de sa vie.

Au fait, vous savez ce que disent deux chats quand ils sont amoureux ?

On est félin pour l'autre.

Vous retrouverez ces informations et beaucoup d'autres dans le *Cahier de bonheur (rien que) pour les enfants*, disponible sur **1vie.org**.

FICHE D'ACCOMPAGNEMENT

FICHE D'ACCOMPAGNEMENT

LA PUBERTÉ

La puberté c'est quand le corps d'un enfant devient peu à peu un corps d'adulte en grandissant et en se transformant. La puberté dure pendant toute l'adolescence (souvent ce sont les années où l'on est au collège et au lycée).

Les filles sont pubères entre 10 et 12 ans, mais ça peut être plus tôt ou plus tard. Les premiers signes visibles sont le développement des seins et l'apparition de poils sur la vulve (le sexe) et sous les aisselles. Ensuite, les filles ont leurs premières règles (les menstruations).

Les garçons sont pubères entre 11 et 13 ans, mais ça peut être plus tôt ou plus tard. Les testicules et le pénis (le sexe) grandissent. Peu à peu, des poils apparaissent autour du sexe (poils pubiens) puis sur le reste du corps. La voix se transforme, en devenant plus grave (elle mue).

Ces transformations donnent au corps des filles et des garçons une nouvelle énergie, parfois difficile à contrôler.

Dans la tête, ça change aussi. Souvent, on se sent différent, plus mûr, et on a envie d'indépendance et de passer plus de temps avec d'autres jeunes de son âge.

Vous retrouverez ces informations et beaucoup d'autres dans le *Cahier de bonheur (rien que) pour les enfants*, disponible sur **1vie.org**.

FICHE D'ACCOMPAGNEMENT

FICHE D'ACCOMPAGNEMENT

LA REPRODUCTION

Dans la nature, il y a plusieurs façons de fabriquer les bébés. Les oiseaux, par exemple, pondent des œufs. Chez les mammifères, les bébés poussent en général dans le ventre. C'est le cas des êtres humains !

Seules deux personnes pubères peuvent fabriquer un fœtus (c'est le nom que l'on donne au bébé à l'intérieur du ventre). Il faut deux ingrédients :

un ovule, petit œuf qui se trouve dans le ventre des femmes,

et un spermatozoïde, sorte de minuscule têtard qui se trouve dans le sexe des hommes.

Les femmes et les hommes fabriquent les bébés au cours des relations sexuelles. L'homme met son sexe (pénis) à l'intérieur du sexe de la femme (vagin) pour y laisser des spermatozoïdes, qui partent à la recherche de l'ovule.

En se rencontrant, un spermatozoïde et l'ovule forment un petit embryon. C'est la fécondation

Le fœtus grandit pendant 9 mois. Au moment de l'accouchement, le bébé sort du ventre de la femme, par son sexe. C'est la naissance.

Parfois, le bébé ne peut pas sortir tout seul du ventre de la maman, alors les médecins ouvrent le ventre pour sortir le bébé. On appelle ça une naissance par césarienne.

Il arrive que les médecins aident les parents à fabriquer un bébé en faisant se rencontrer l'ovule et le spermatozoïde dans un laboratoire, avant de mettre l'embryon dans le ventre de la femme.

Tous les enfants sont fabriqués de la rencontre d'un spermatozoïde et d'un ovule, mais après la naissance, les enfants peuvent avoir un seul parent, ou deux mamans, ou deux papas.

Le bébé peut aussi être fabriqué avec le spermatozoïde et l'ovule de deux personnes (les parents biologiques) et avoir d'autres parents ensuite, par exemple lors d'une adoption.

Il existe plusieurs façons de naître, de grandir, de vivre dans son corps.

Lorsqu'on naît, on est soit une fille, soit un garçon. C'est très rare, mais il arrive que des personnes demandent à des docteurs de les aider à changer de sexe (une femme devient un homme ou le contraire). C'est un processus long et compliqué, mais cela permet à ces personnes de vivre dans un corps qui correspond à ce qu'ils ressentent.

Vous retrouverez ces informations et beaucoup d'autres dans le *Cahier de bonheur (rien que) pour les enfants*, disponible sur **1vie.org**.

FICHE D'ACCOMPAGNEMENT

FICHE D'ACCOMPAGNEMENT

LE GENRE, LES PRÉFÉRENCES SEXUELLES

Le genre

On peut parler de personnes ou de choses d'un certain genre, et même parler du « genre de choses » que l'on aime faire. Mais le mot « genre » renvoie aussi aux caractéristiques propres au sexe d'une personne. On parle alors d'identité de genre : une femme, un homme, une fille, un garçon.

Le Haut Conseil à l'égalité entre les femmes et les hommes (HCE) est une instance chargée de proposer des solutions pour lutter contre les inégalités entre les personnes de sexe différent. L'un de leurs premiers conseils, c'est de citer les mots se rapportant au genre en respectant l'ordre alphabétique.

On dira par exemple : « Les filles et les garçons » parce que « fille » commence avec un « f », qui est avant le « g » de garçon dans l'alphabet.

L'homosexualité

La plupart des femmes tombent amoureuses d'hommes, et la plupart des hommes tombent amoureux de femmes. Mais ce n'est pas toujours le cas.

Lorsqu'une femme est attirée par les hommes, et qu'un homme est attiré par les femmes, on parle d'hétérosexualité (« hétéro » veut dire « différent »).

Parfois, les femmes tombent amoureuses de femmes, et les hommes tombent amoureux d'hommes. On parle alors d'homosexualité (« homo » veut dire « le même »).

Parfois, on peut se sentir attiré par une personne, quel que soit son genre, peu importe que ce soit une fille ou un garçon.

Ça peut changer au cours de la vie, en fonction des rencontres que l'on fait, et parfois ça ne change jamais.

Vous retrouverez ces informations et beaucoup d'autres dans le *Cahier de bonheur (rien que) pour les enfants*, disponible sur **1vie.org**.

Les ressources pédagogiques

Vous trouverez une sélection de ressources, mise à jour régulièrement, ainsi que les informations permettant l'achat ou le téléchargement de ces ressources sur notre site internet.

Rendez-vous sur <u>edsens.fr</u>

Les crédits et partenaires

Ce support est proposé par Bonheur.fr, qui regroupe les différents programmes EdSens®, EdSex® et SensoPrev®. Le site internet regroupe de nombreuses ressources dédiées à la thématique de l'éducation à la vie affective, à la sensibilisation et la prévention des violences sexuelles et sexistes.

➤ **bonheur.fr**

Ce support est édité avec le soutien de l'Association Une Vie®, engagée dans la promotion du respect entre les êtres et l'épanouissement de l'individu et du collectif, en diffusant notamment des supports en vue de la protection des enfants face au risque de violences sexuelles.

C'est une association française d'intérêt général, laïque, apolitique, qui distribue des contenus de prévention sur toute la planète, dans plus de 30 langues.

➤ **1vie.org**

– À propos de l'auteur

Sébastien Brochot est le président-fondateur de l'Association Une Vie (**1vie.org**), active dans la protection de l'enfance face aux risques de violences sexuelles. Il est l'auteur de nombreuses campagnes de prévention, comme **Consentement.info** (+4 millions de vues sur les réseaux sociaux) ou **PedoHelp**® (distingué par le Conseil de l'Europe).

Il a intégré en 2018 l'équipe du **CRIAVS Île-de-France** (Hôpitaux de Saint-Maurice), un service public spécialisé dans les violences sexuelles, au sein duquel il développe le média francophone de référence **Violences-Sexuelles.info** dans le but de diffuser une information claire et fiable sur le sujet. Au sein de ce centre ressources, il forme et accompagne tout au long de l'année des professionnels de nombreux champs professionnels (santé, justice, social, éducation, forces de l'ordre, public associatif…).

Il est l'auteur de plusieurs ouvrages de développement personnel, de prévention des violences sexuelles, et de supports d'éducation à la vie affective.

➤ **sebastienbrochot.com**

Sébastien Brochot © 2022.
Tous droits réservés. Toute reproduction interdite sans l'autorisation explicite de l'auteur.
EdSens® est une marque déposée, tous droits réservés.
Responsable de publication : Sébastien Brochot, membre de la SACD.
Ouvrage bénéficiant d'une protection au titre de la propriété intellectuelle et du droit d'auteur.

Programme EdSens

35 séances d'éducation et sensibilisation à la vie affective en ÉLÉMENTAIRE

Cet ouvrage propose des séances « clé en main » d'éducation à la vie affective destinées à un public d'enfants d'élémentaire : Cours préparatoire (CP), Cours élémentaire 1re année (CE1), Cours élémentaire 2e année (CE2), Cours moyen 1re année (CM1), Cours moyen 2e année (CM2).

Pour chaque niveau, 7 séances sont proposées, sur 5 thématiques : intelligence émotionnelle, stéréotypes et représentations, connaissances, affirmation de soi et altérité, compréhension de la loi.

Les supports des séances sont inclus dans ce livret ou disponibles au téléchargement.

Un **Cahier de l'intervenant en maternelle et en élémentaire** complète cet ouvrage.

Sébastien Brochot © 2022. Tous droits réservés. EdSens® est une marque déposée.

bonheur.fr

SUPPORTS

⚠️

Les supports proposés ici sont des **dessins**.

Il existe des supports identiques*
au format photo
afin de proposer des visuels plus réalistes
aux enfants, si vous le souhaitez.

Ils sont téléchargeables sur edsens.fr.

⚠️

Les affiches sont disponibles au format A3.

Elles sont téléchargeables sur edsens.fr.

CODE DE TÉLÉCHARGEMENT :

2g*Mg2ZF

* Certains visuels ne sont pas disponibles au format photo : smileys, planches anatomiques, affiches.

3 visages : agréable

3 visages : neutre

3 visages : désagréable

Personnage 1

Personnage 2

Personnage 3

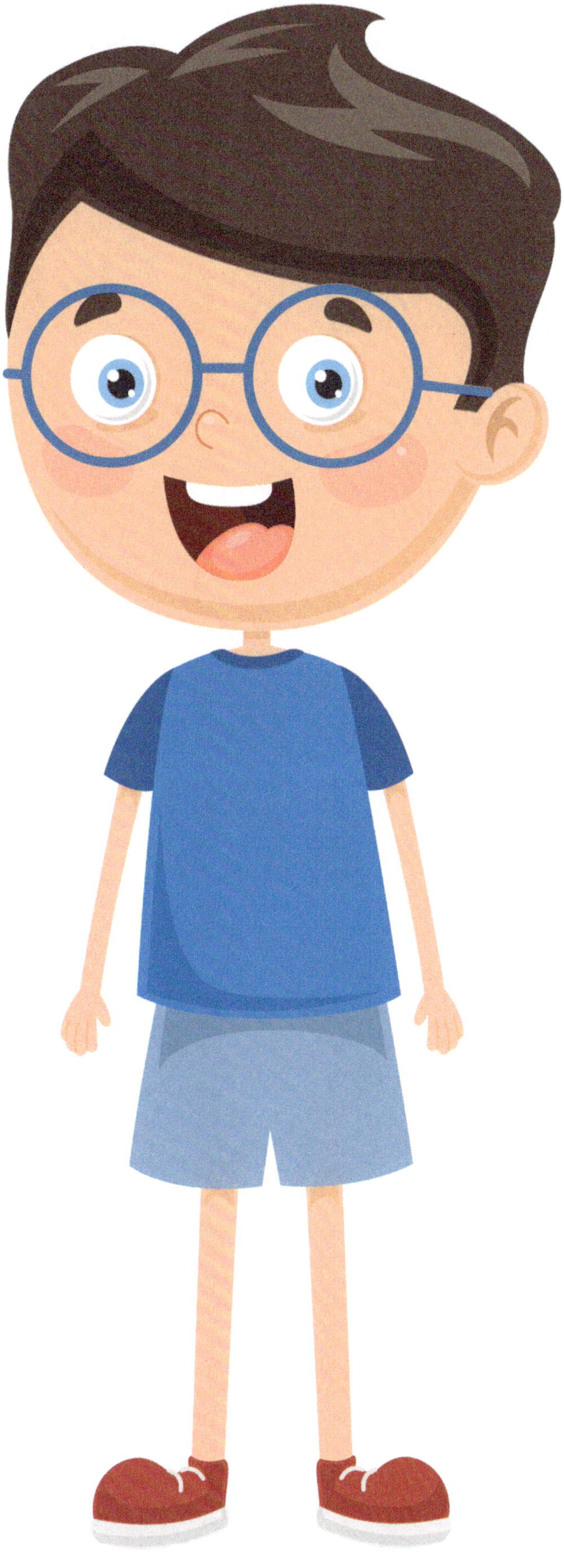

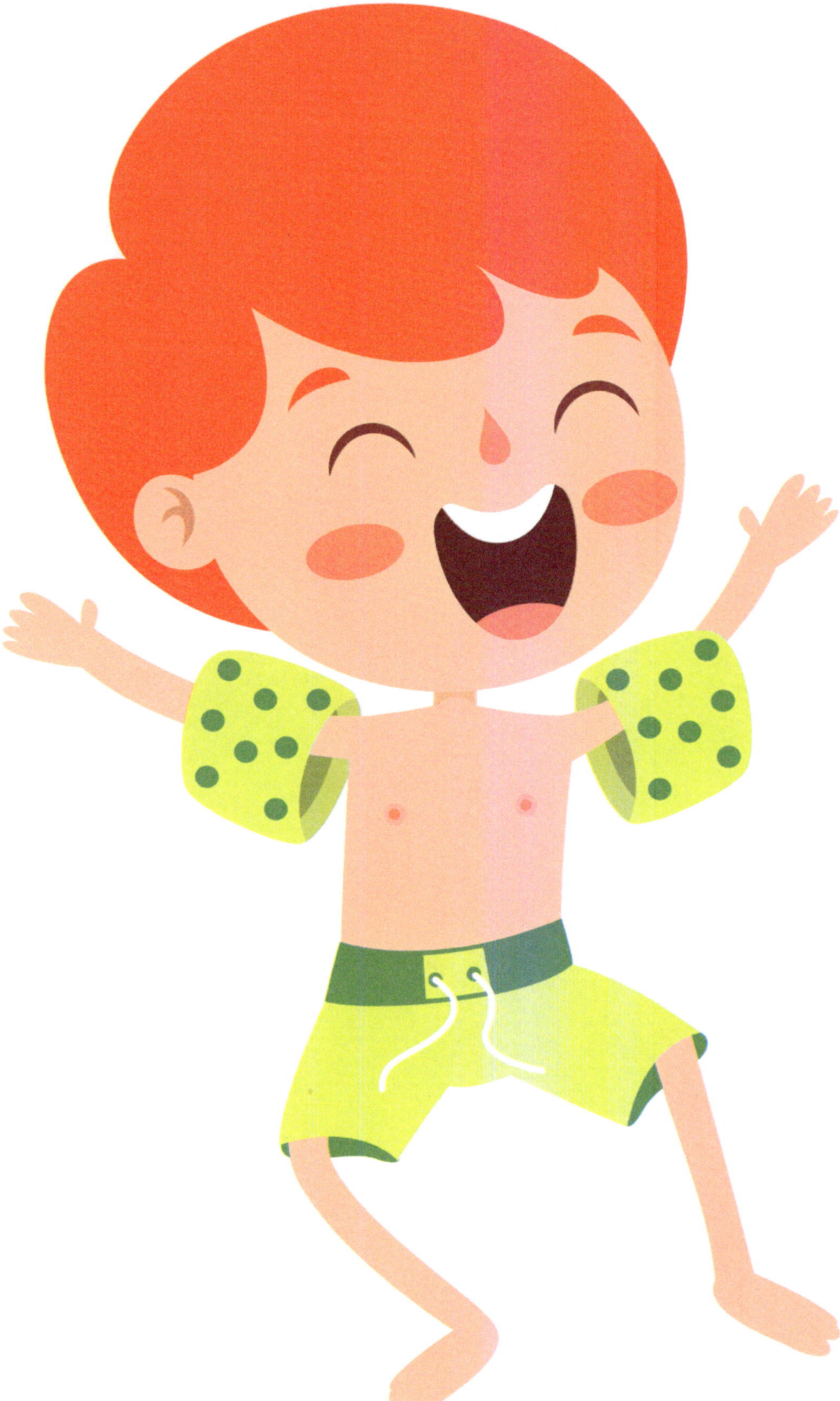

Personnage 6

Personnage 7

Personnage 8

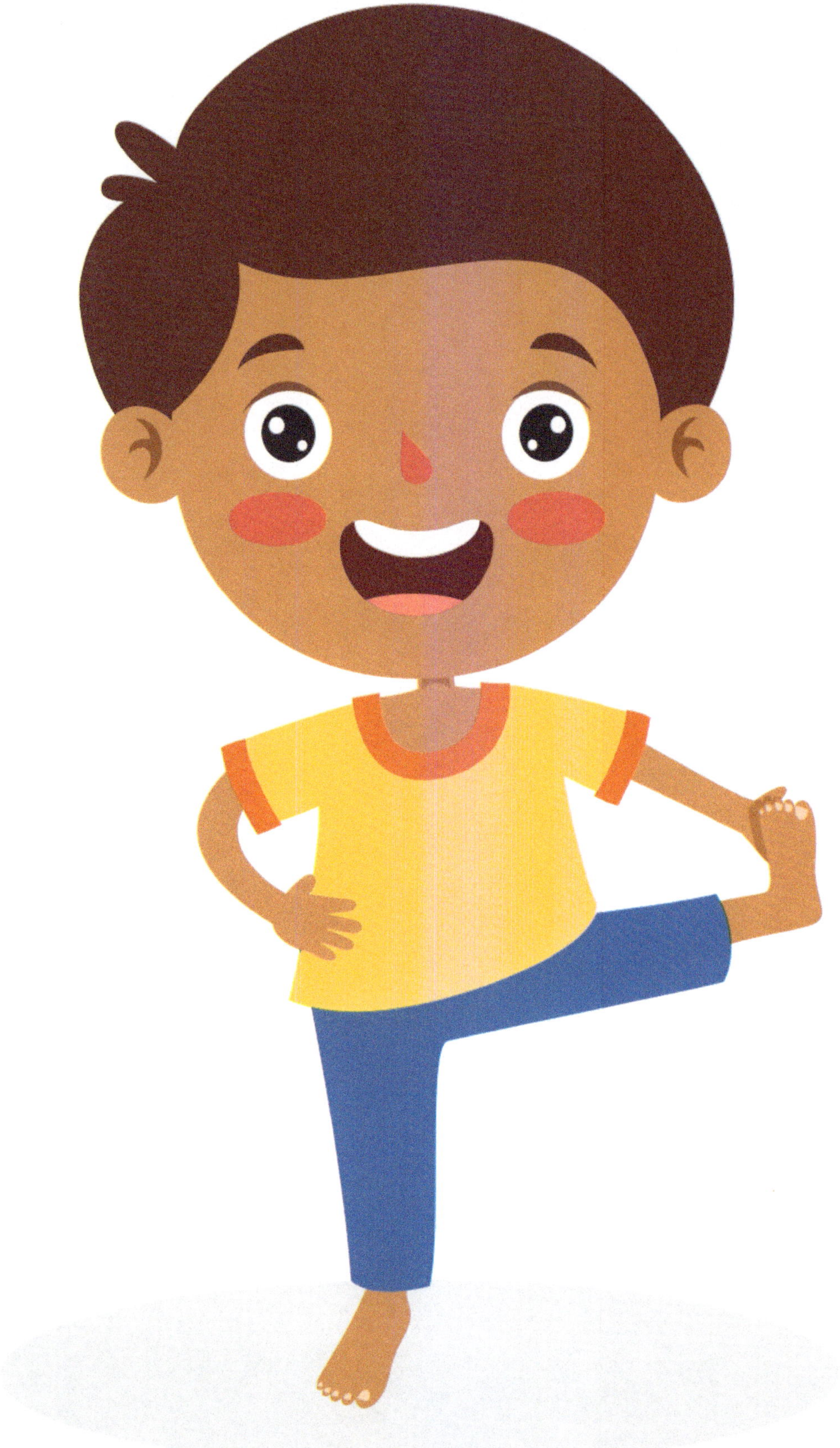

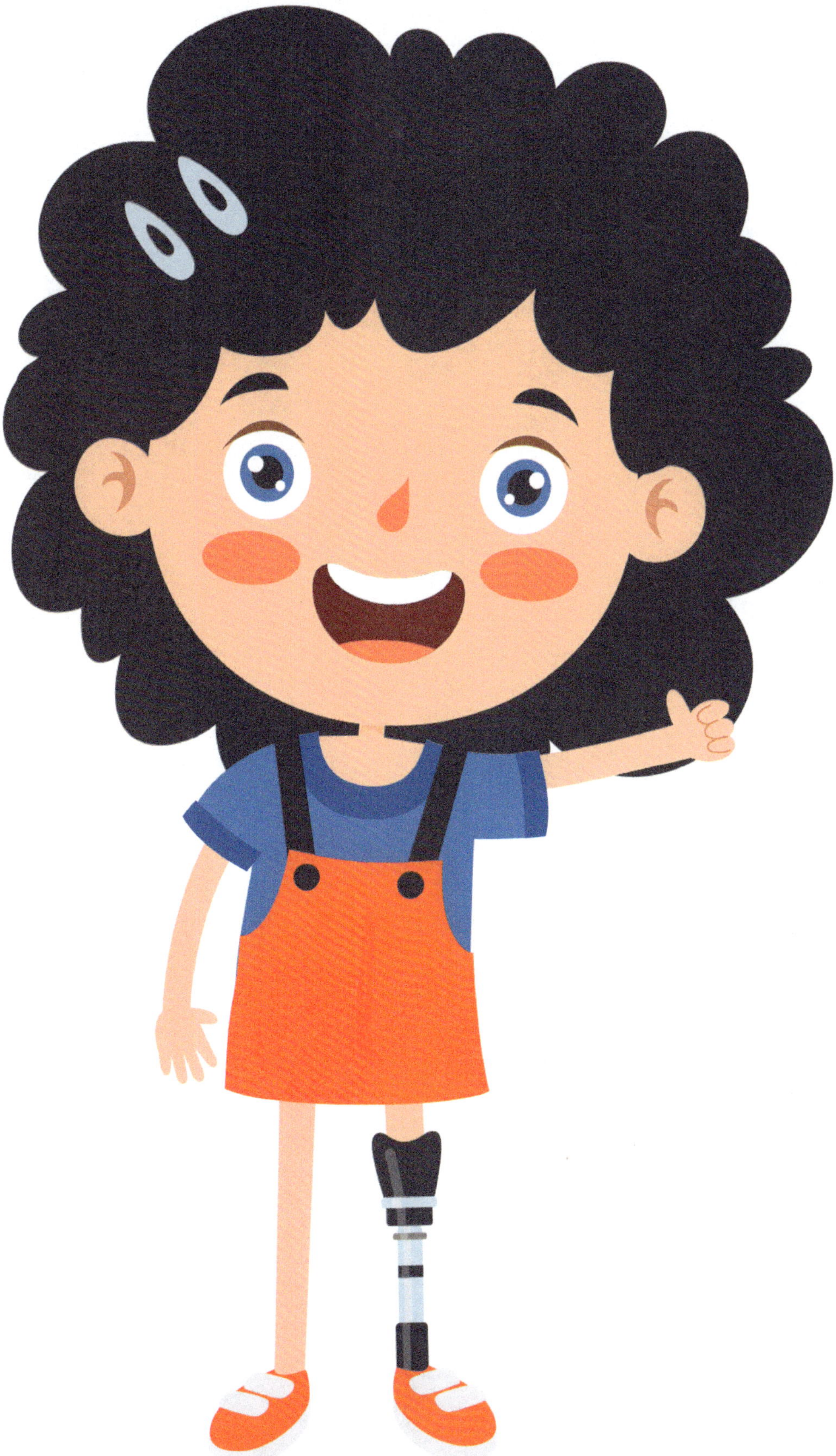

CP 3   Puzzle petite fille   223

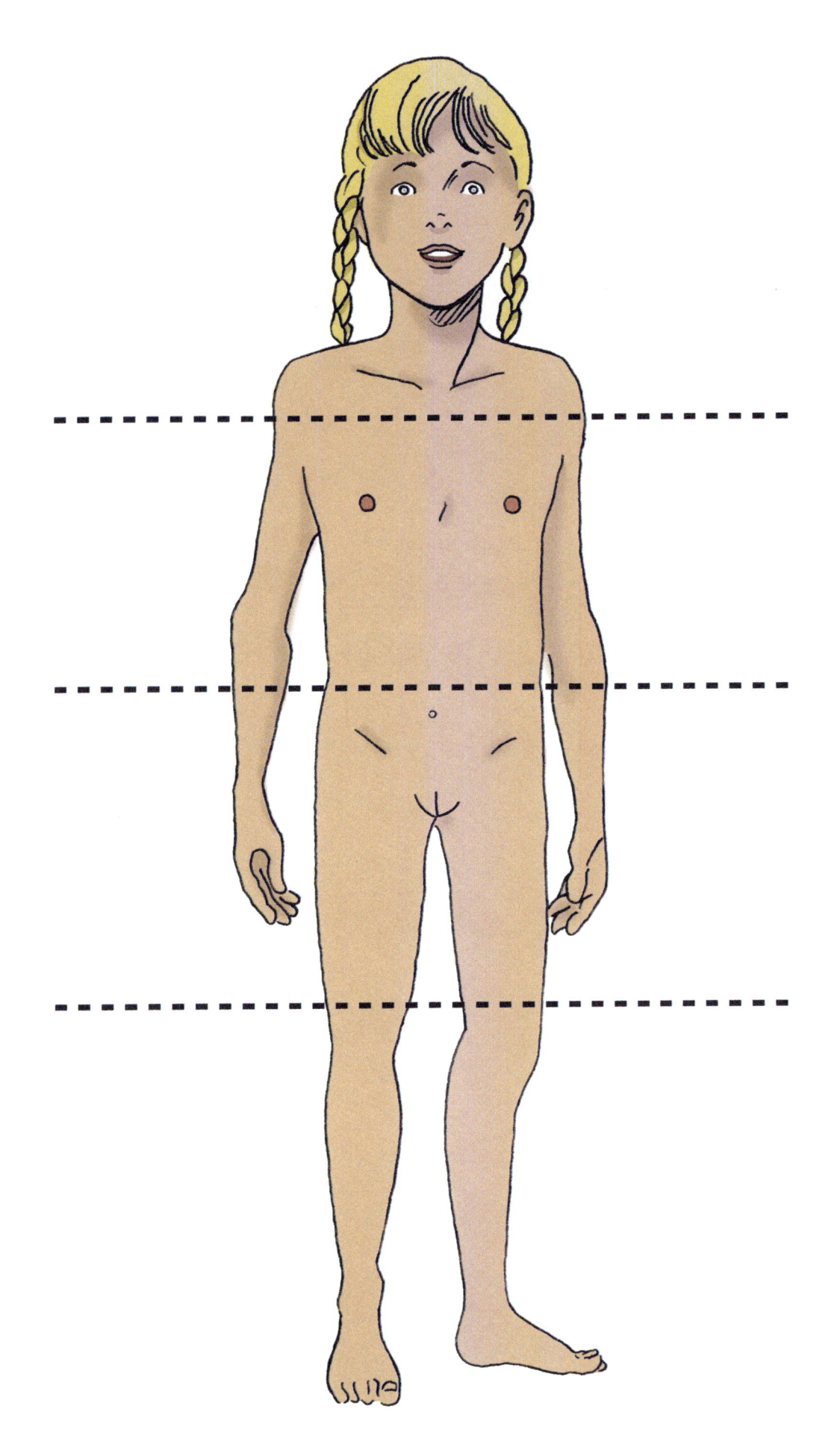

Puzzle petit garçon

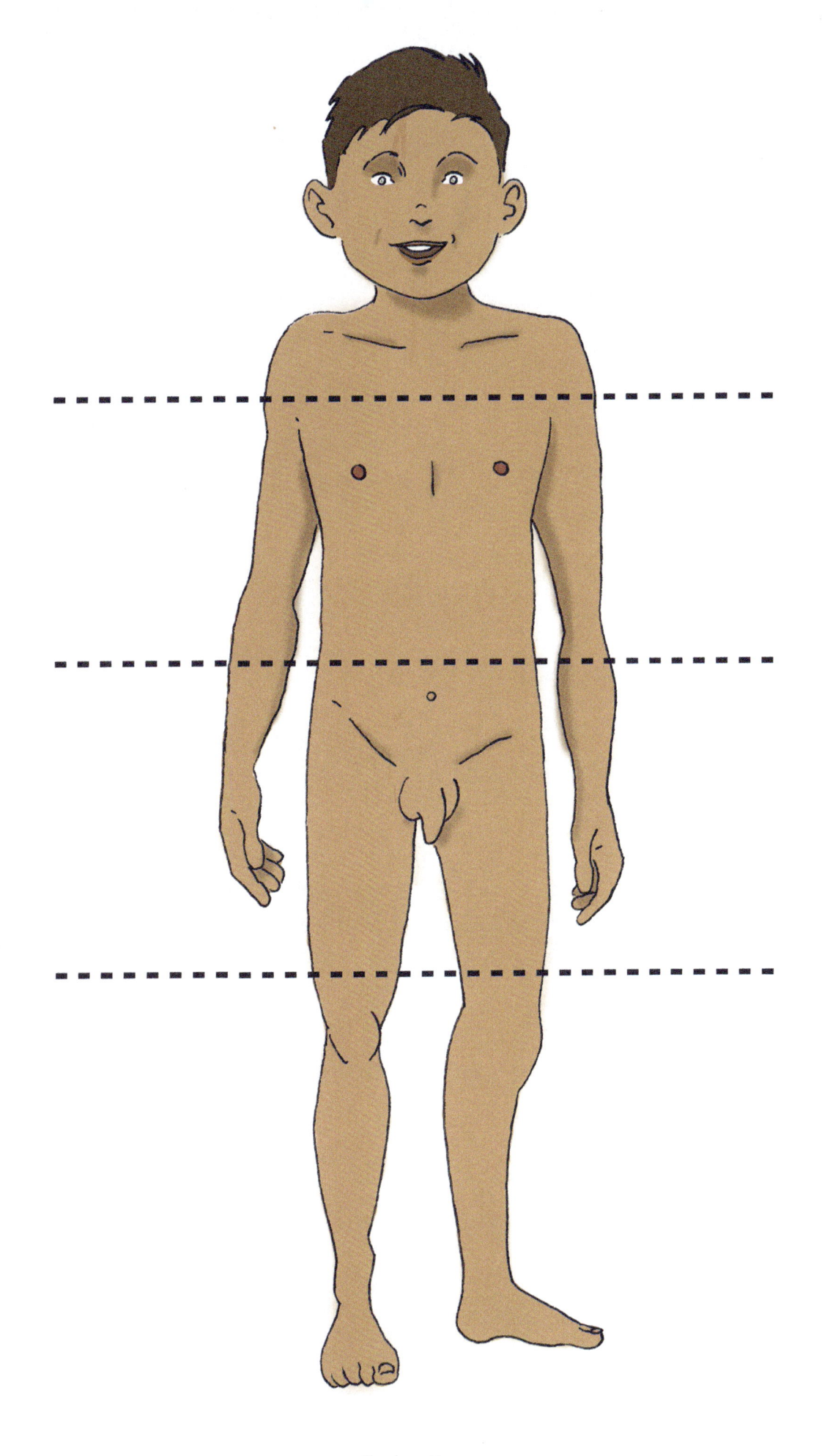

Décor 1 : pendant la toilette

Décor 2 : au square

Décor 3 : dehors, en promenade

Décor 4 : en voyage

Décor 5 : aux toilettes

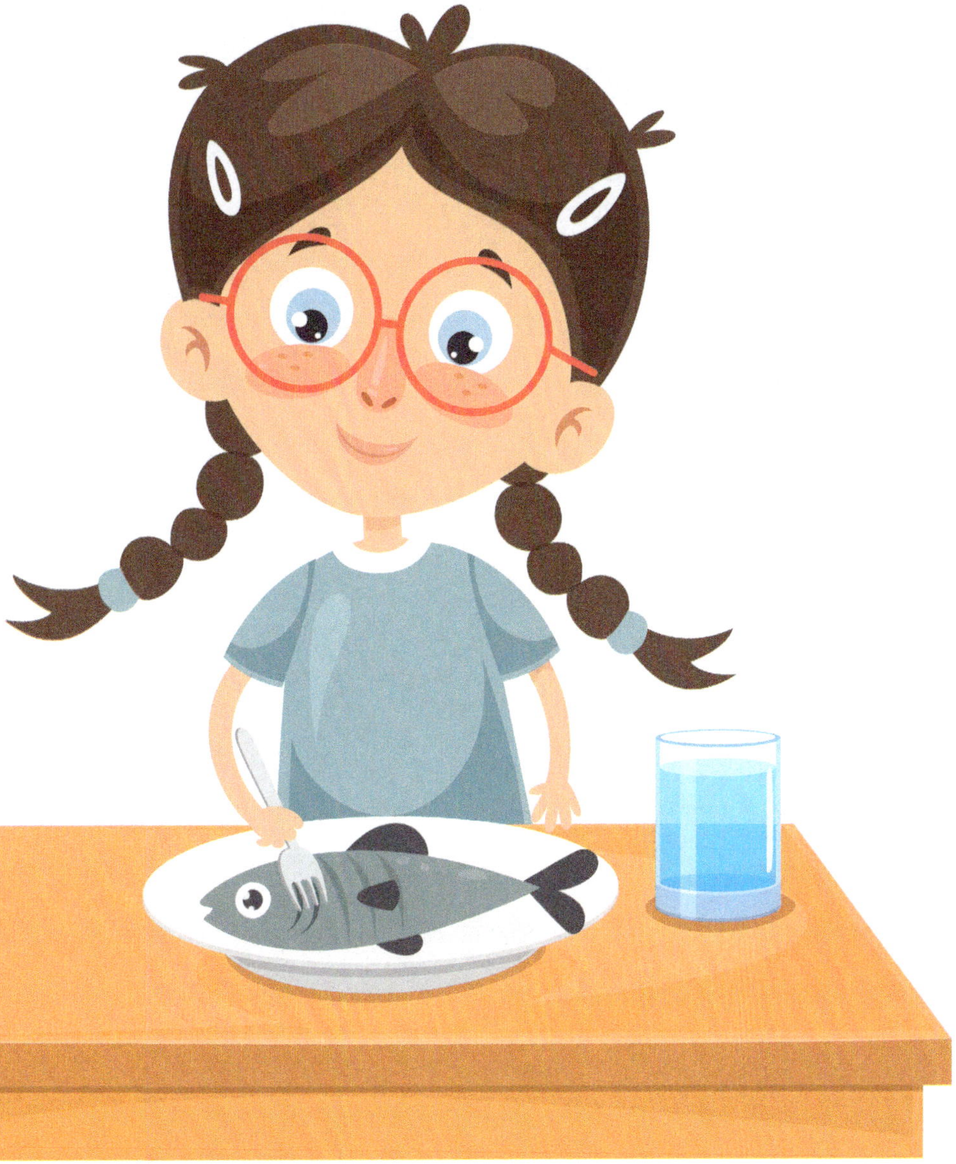

À l'école

Personnage aidant 1

Personnage aidant 2

Personnage aidant 3

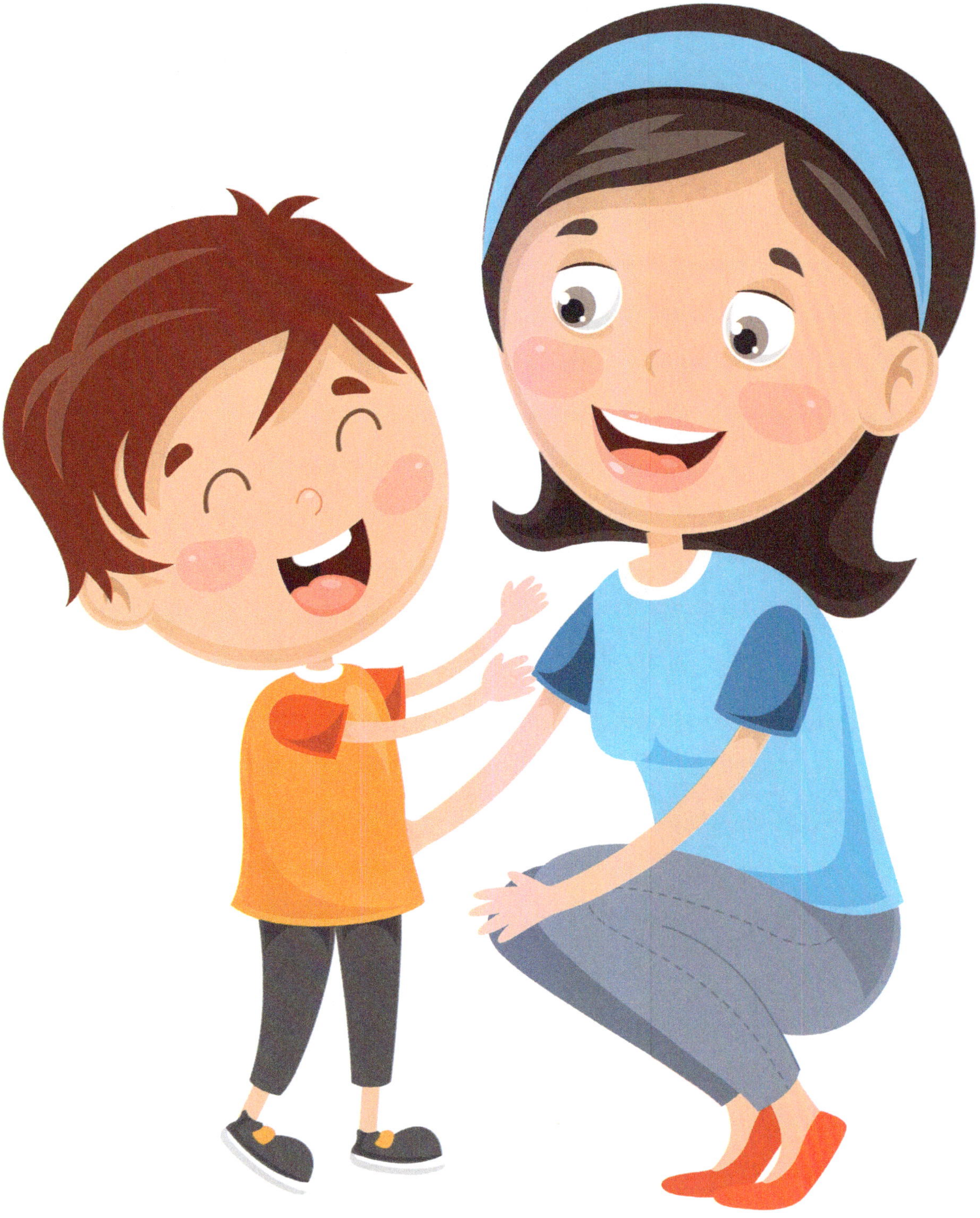

Personnage aidant 5

Aimer une activité 1

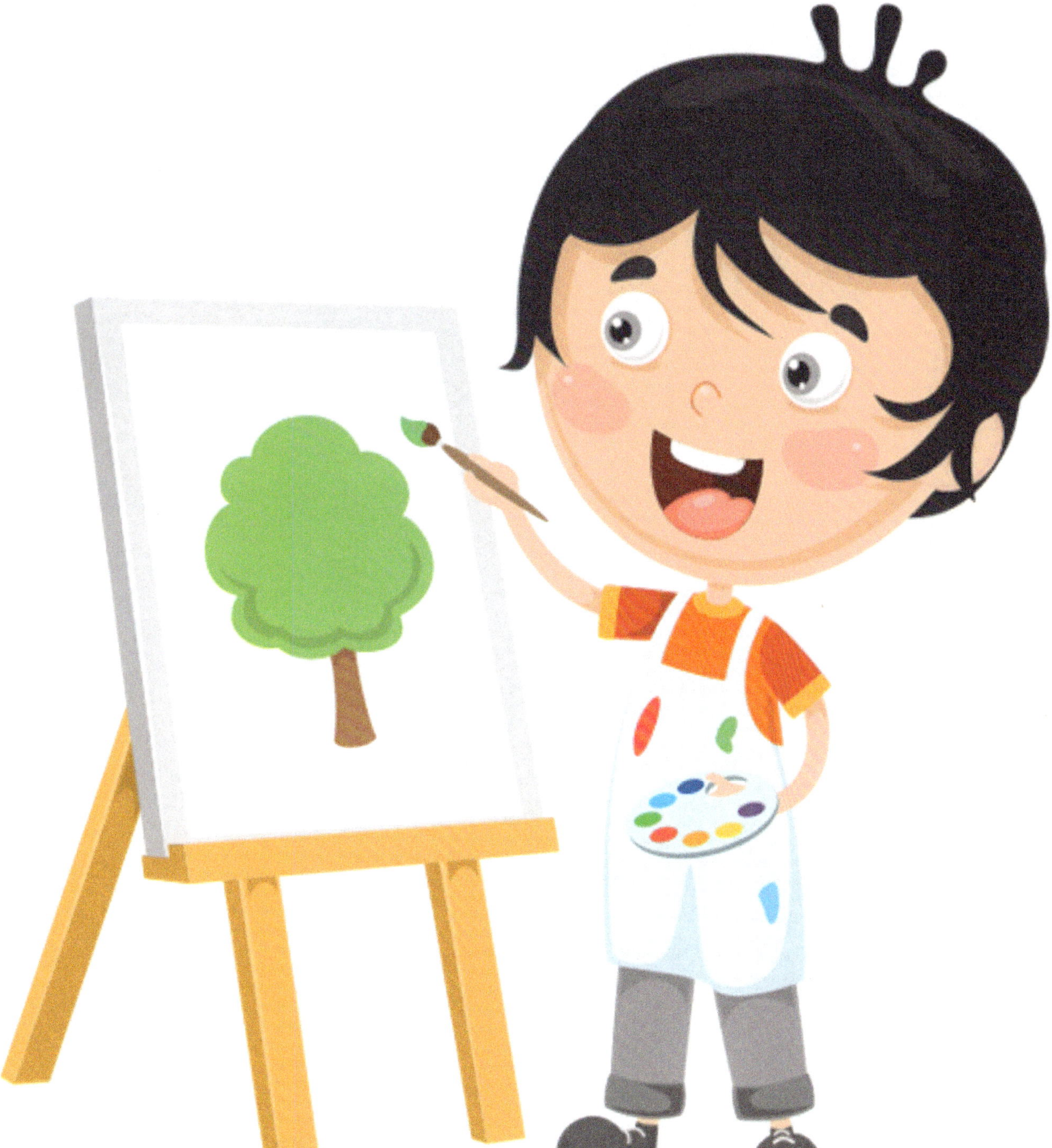

Aimer une activité 3

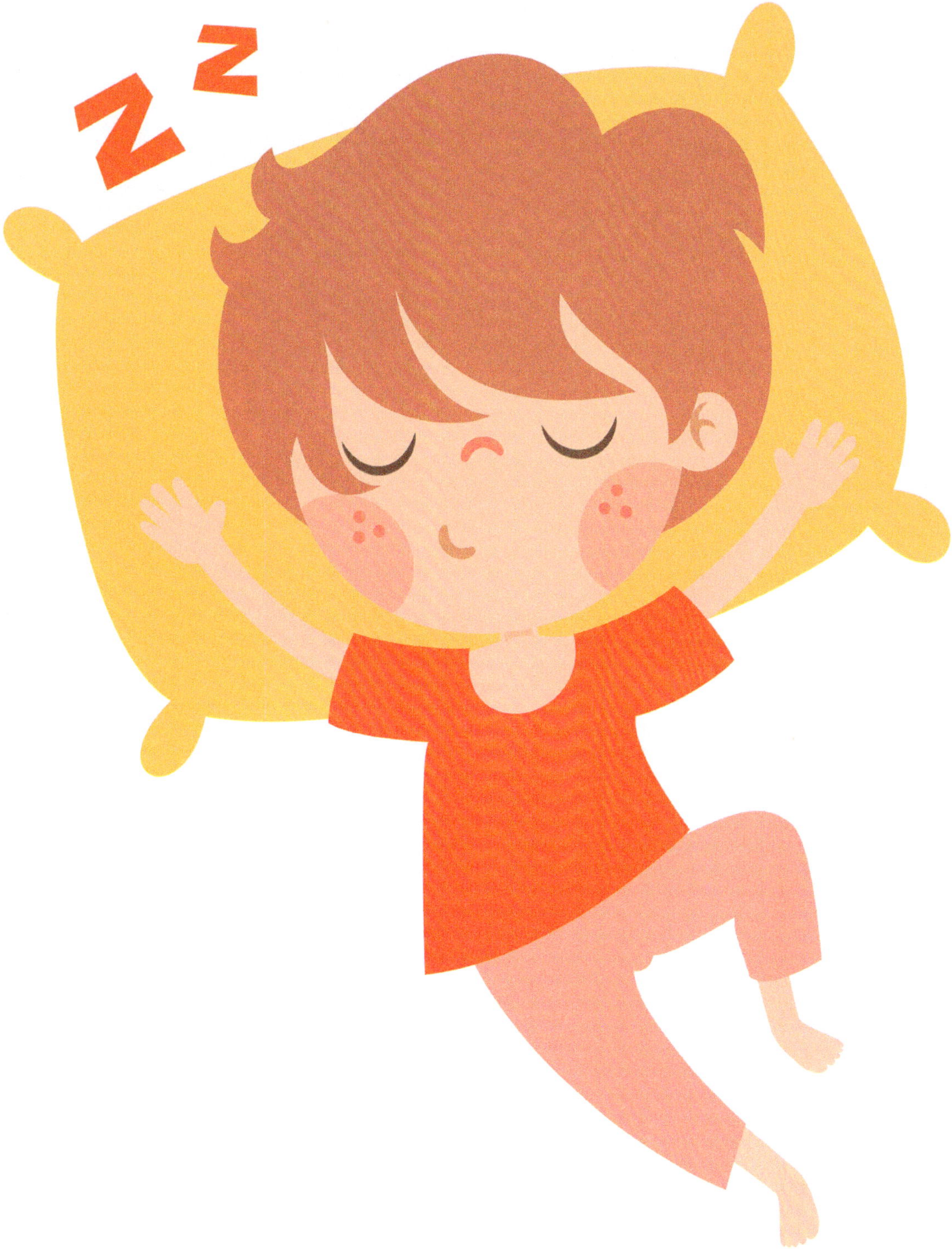

Aimer un jouet

Aimer une peluche

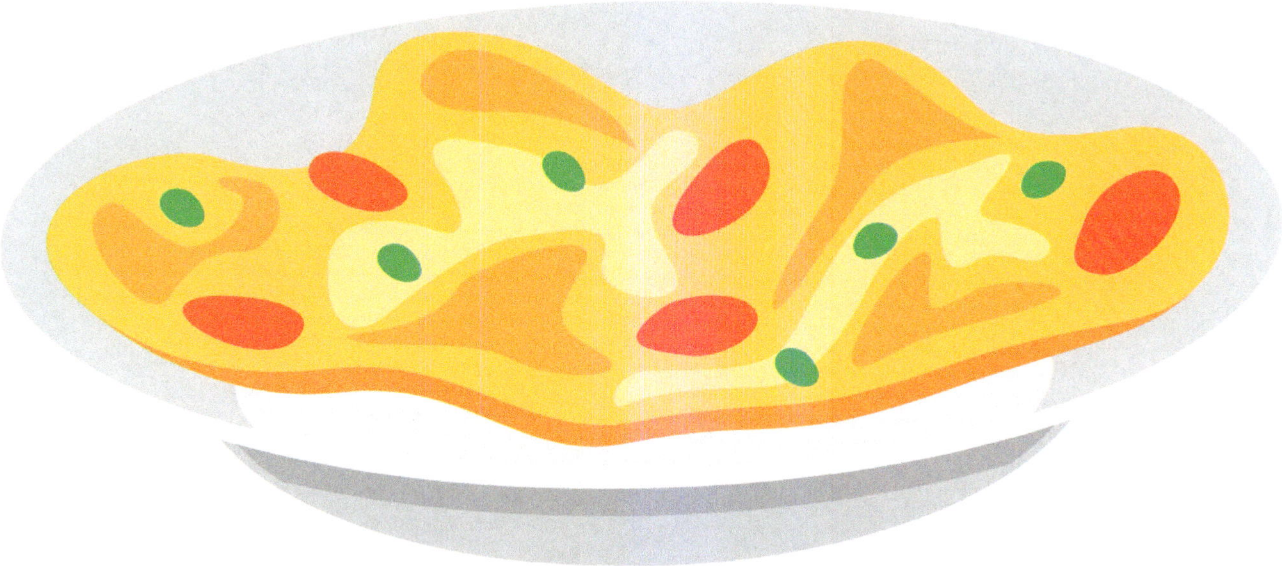

Aimer un aliment 2

Aimer un animal

Aimer une personne, ses câlins

Aimer quelqu'un que l'on veut protéger

Avoir de l'amitié pour ses amis

Être amoureux de quelqu'un

CE1 5 (var) / CE2 5 (var)　　　　　　　　　　Vert / Rouge

CE1 5 (var) / CE2 5 (var)   Vert / Rouge

7 émotions : la joie

7 émotions : la colère

7 émotions : la peur

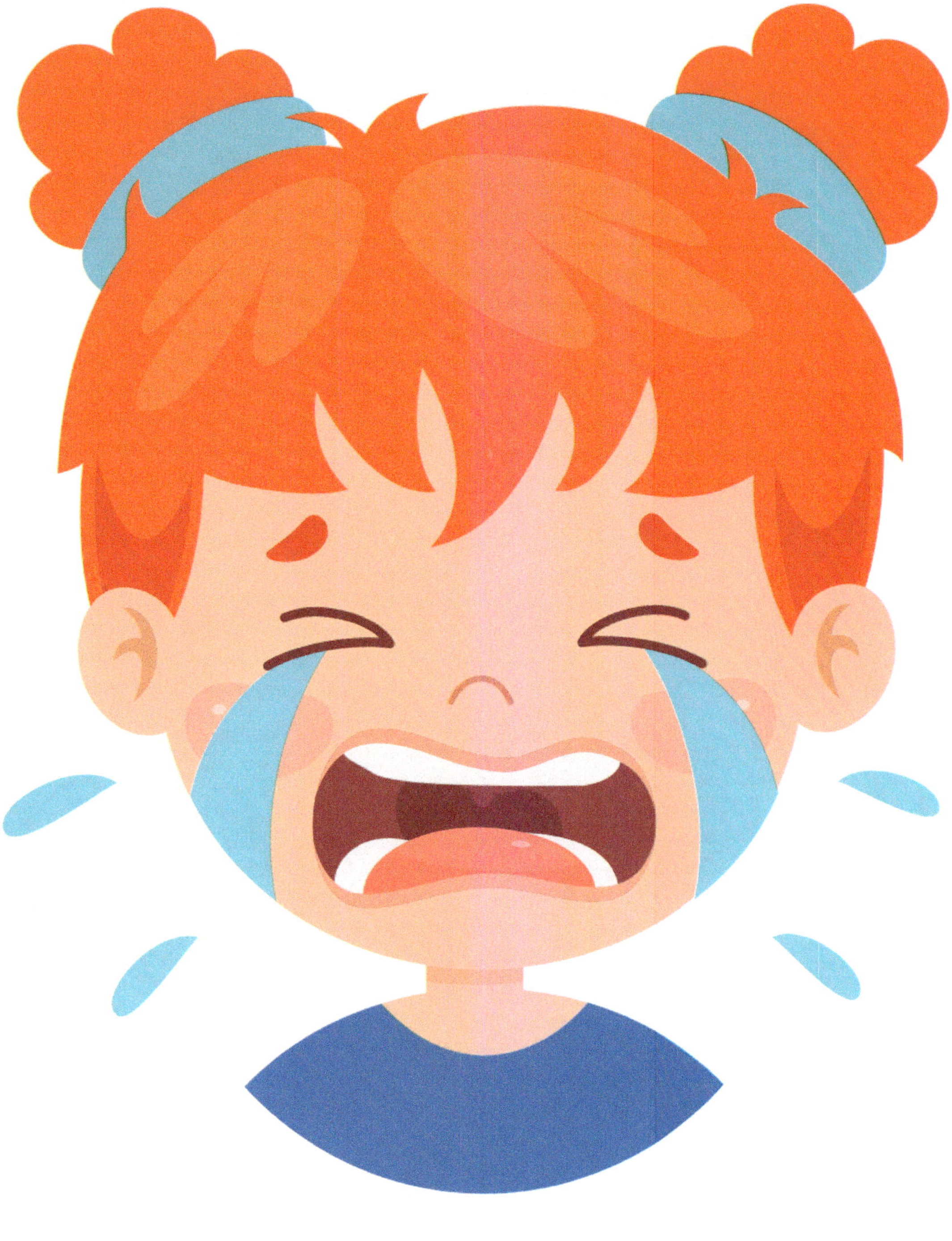

7 émotions : la surprise

7 émotions : la honte

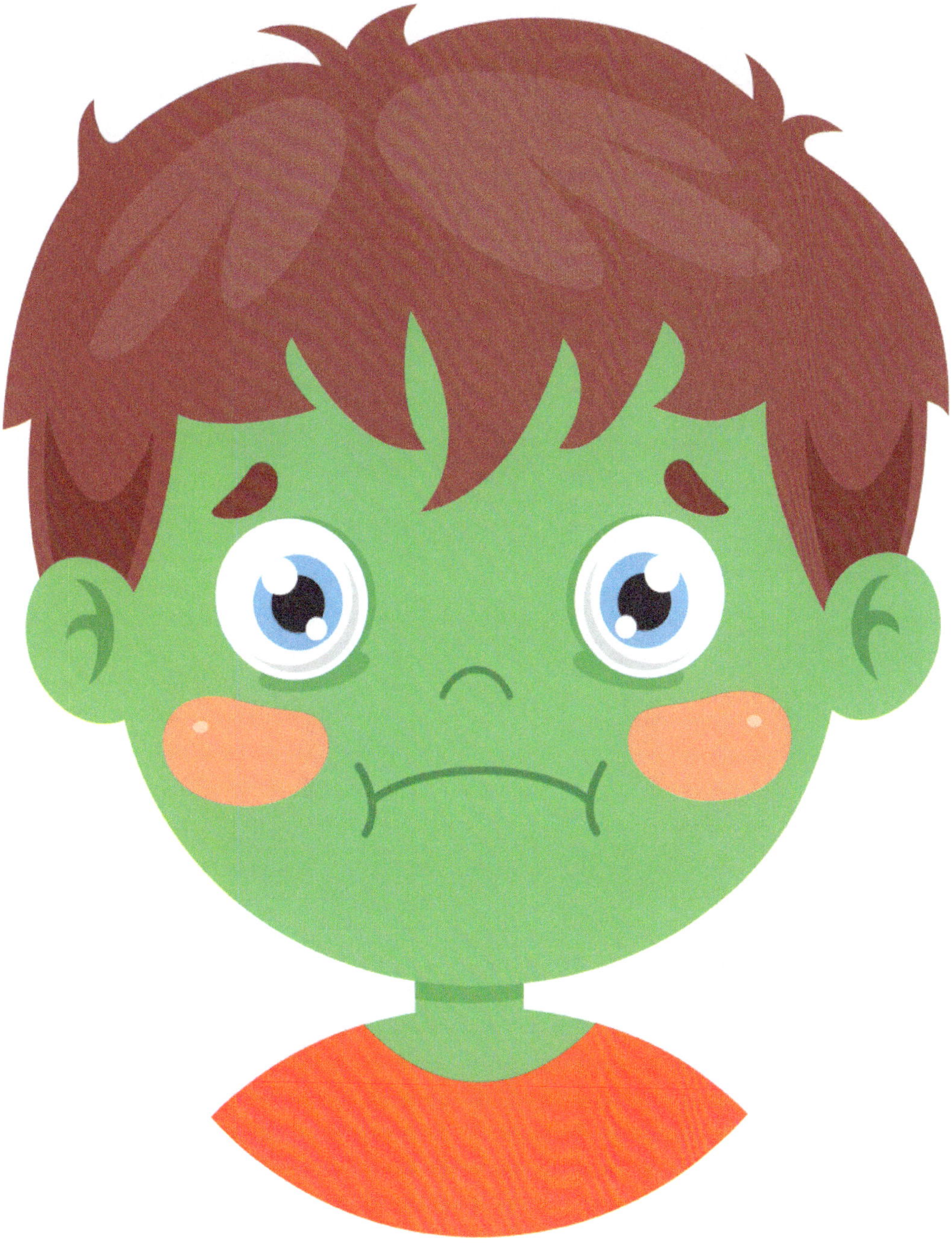

POSSIBLE

IMPOSSIBLE

J'HÉSITE

Sentiment 1

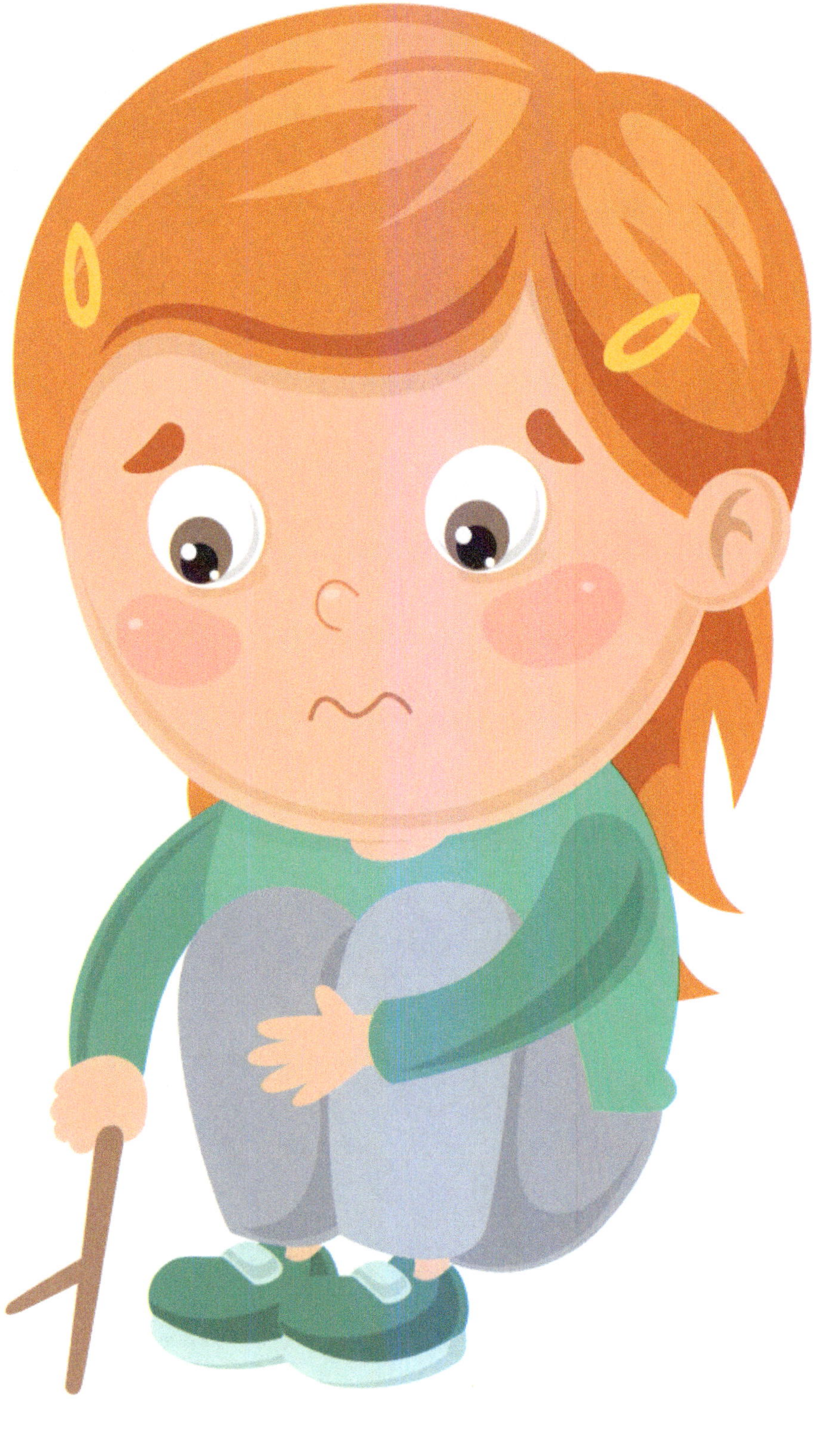

Sentiment 3

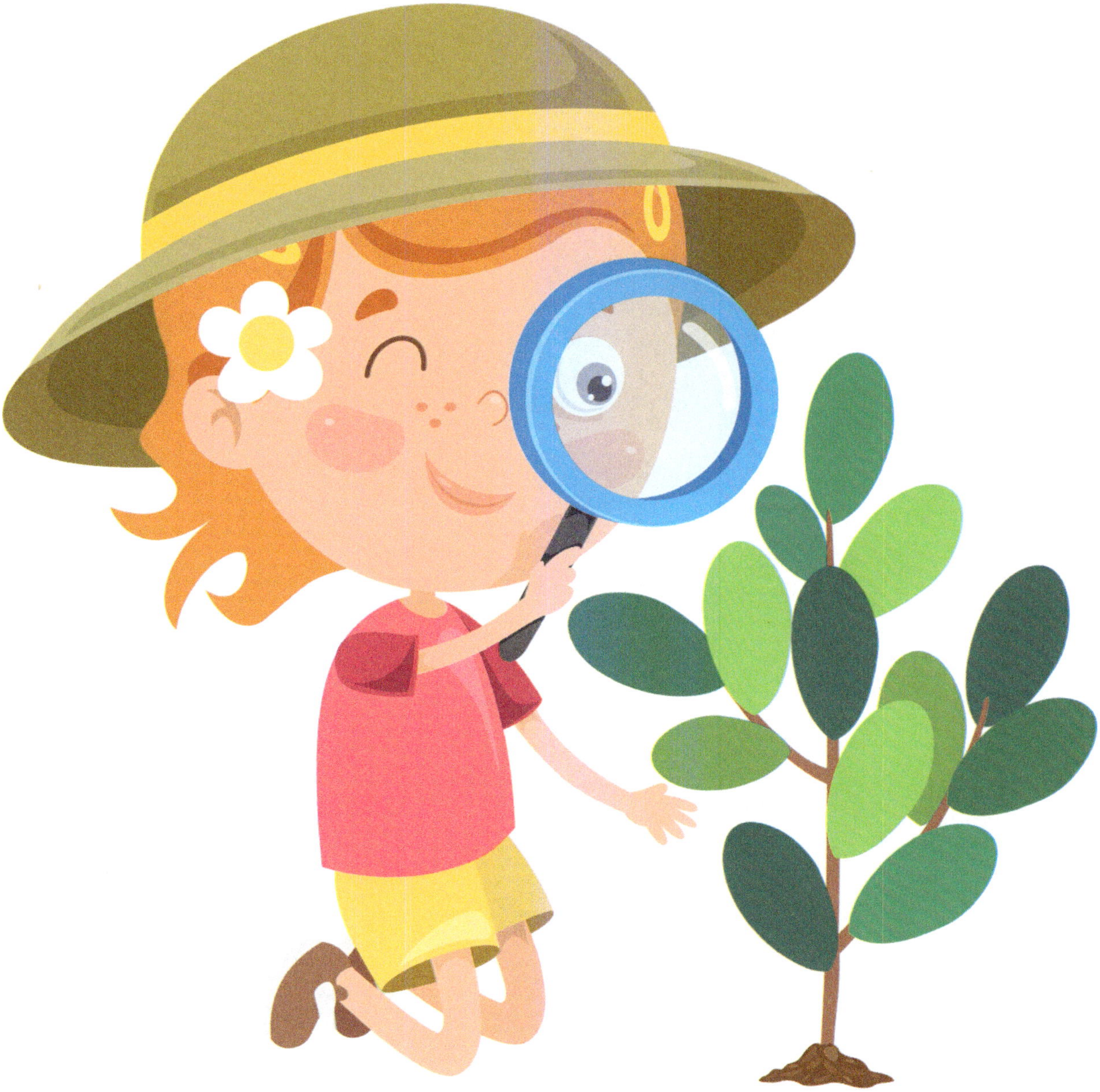

Sentiment 5

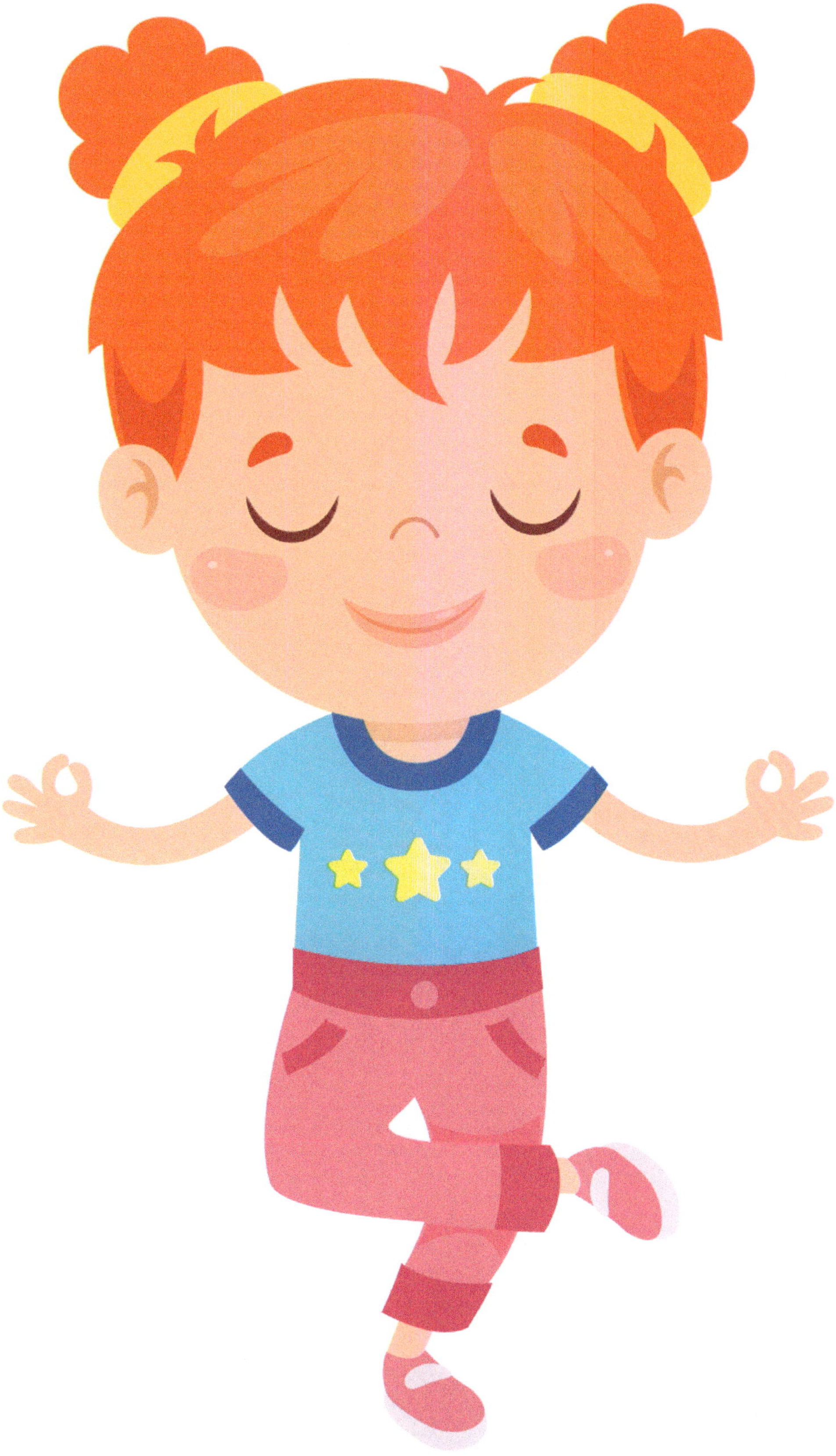

Sentiment 7

Sentiment 8

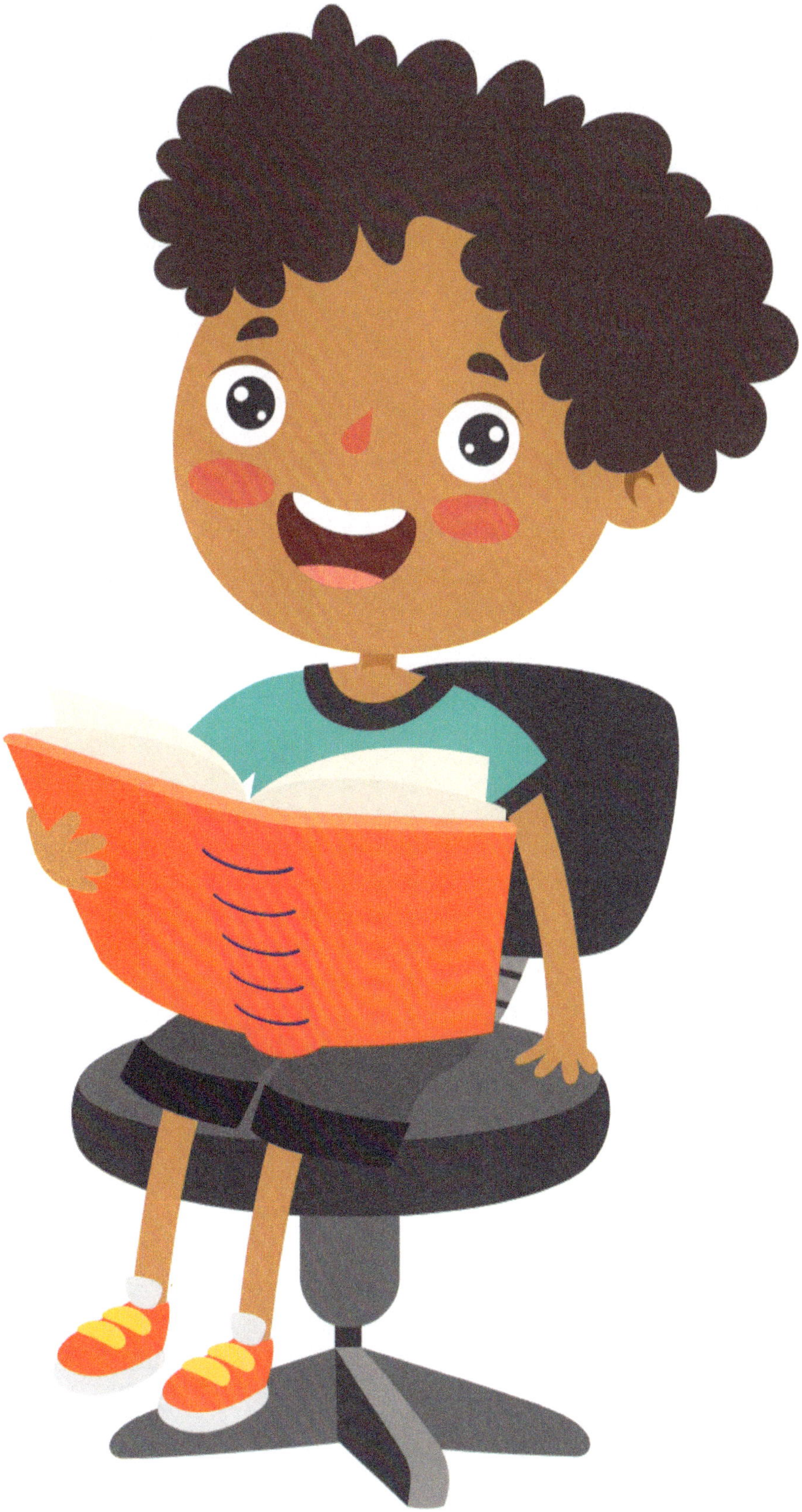

Sentiment 10

Corps humain - 5 ans F

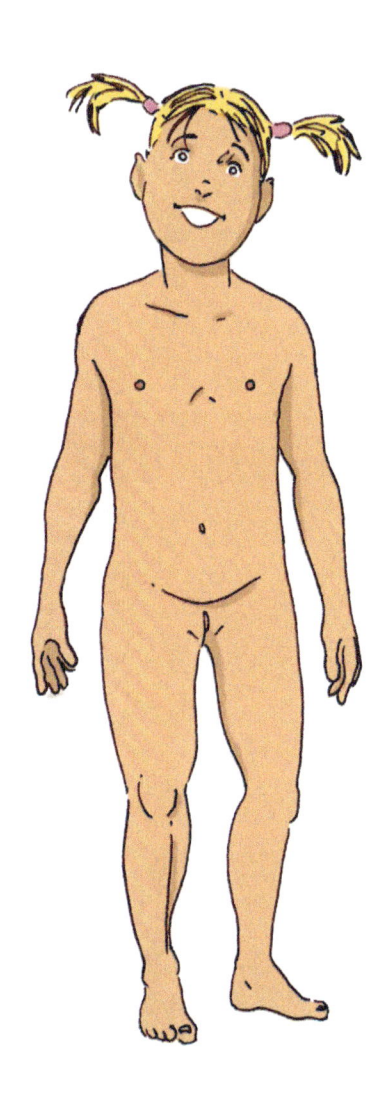

Corps humain - 5 ans H

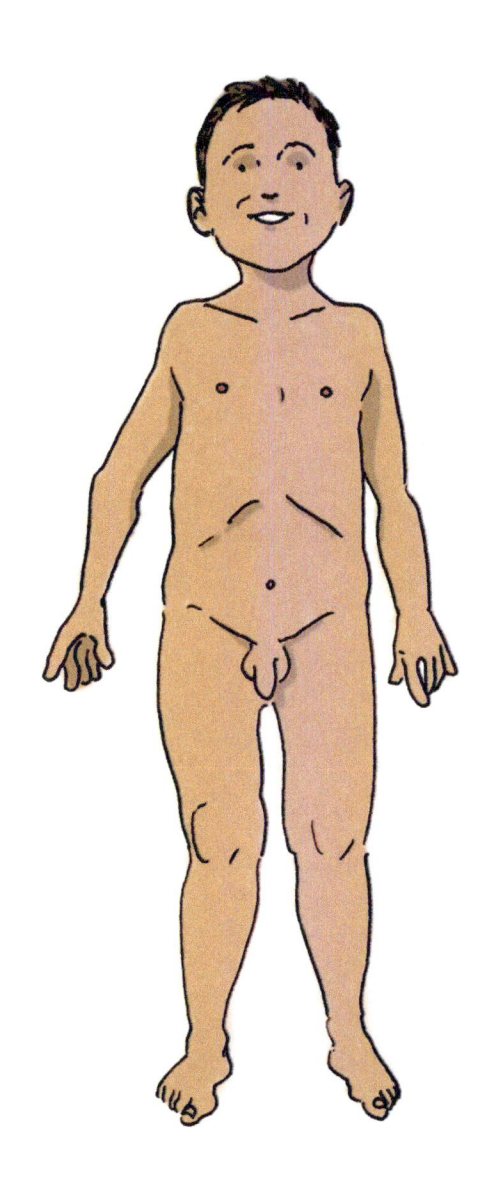

Corps humain - 10 ans F

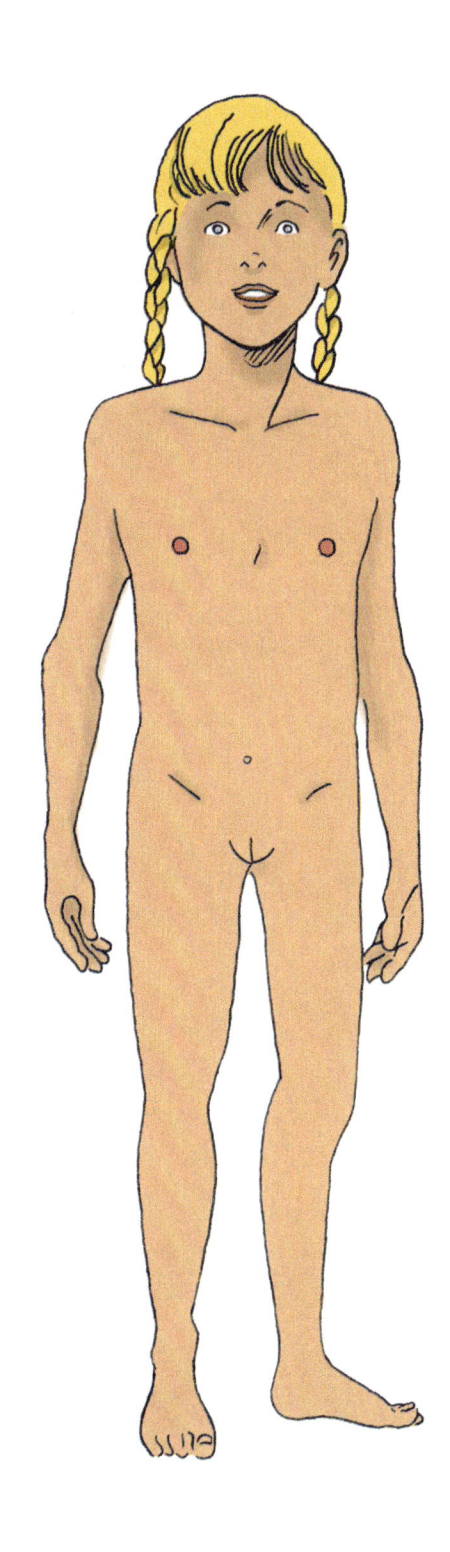

Corps humain - 10 ans H

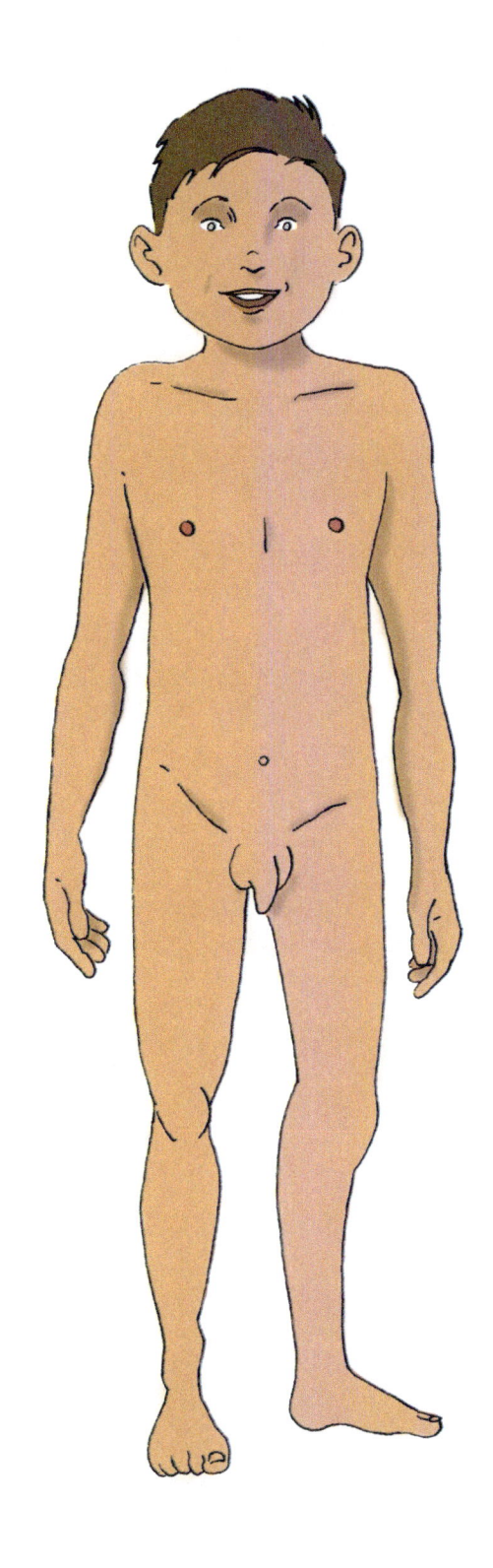

Corps humain - 15 ans F

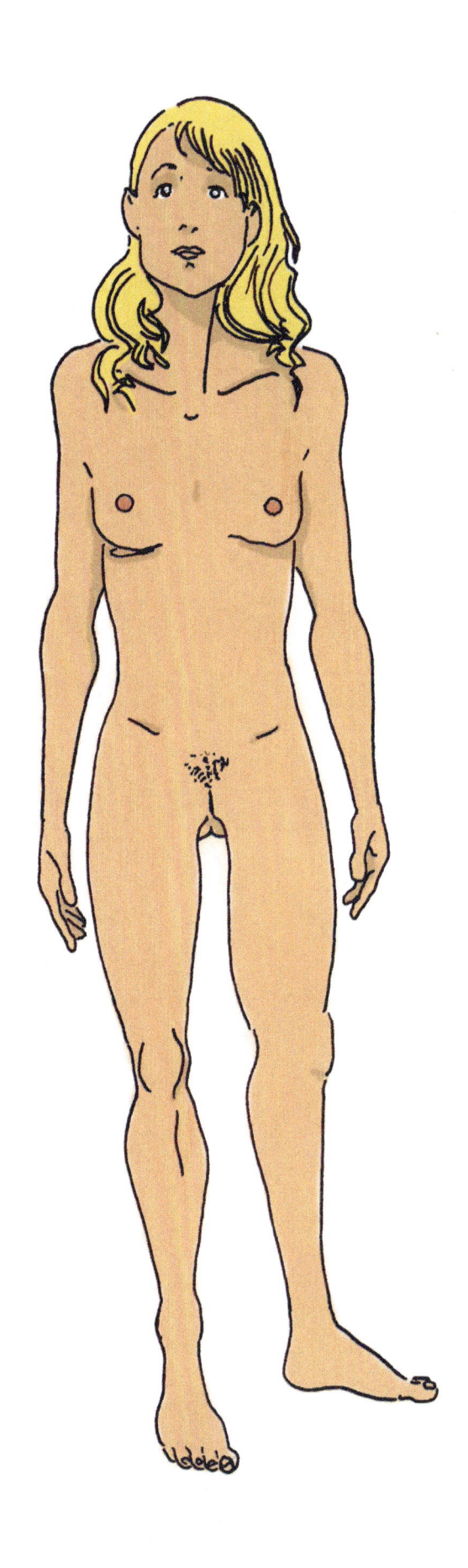

Corps humain - 15 ans H

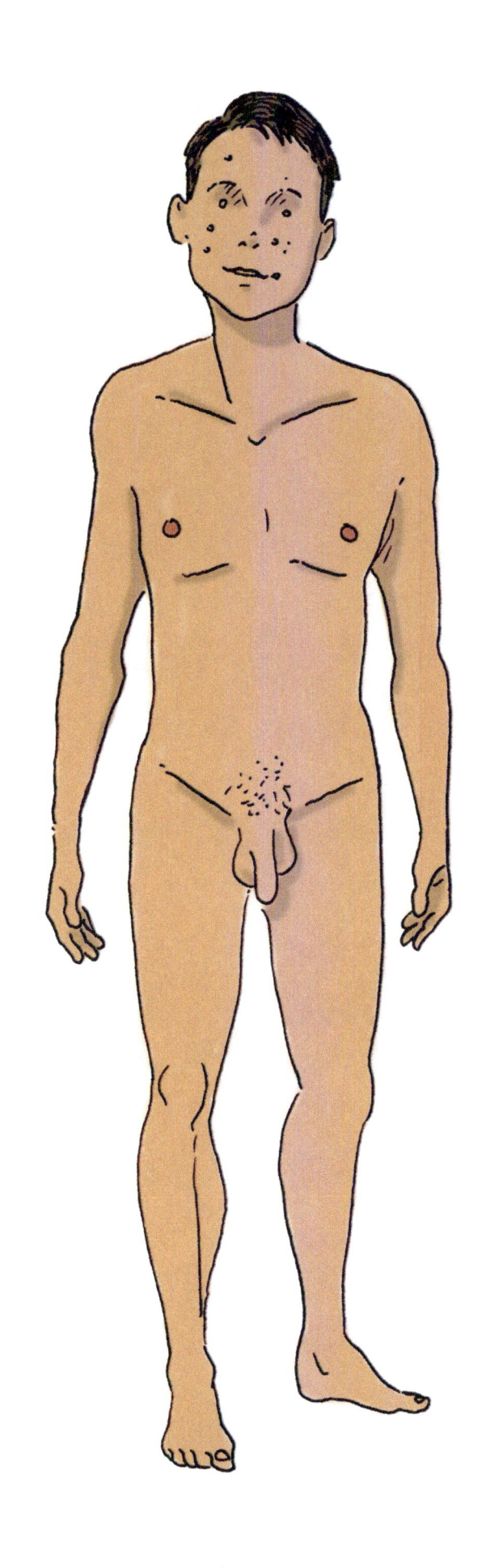

Corps humain - 35 ans F

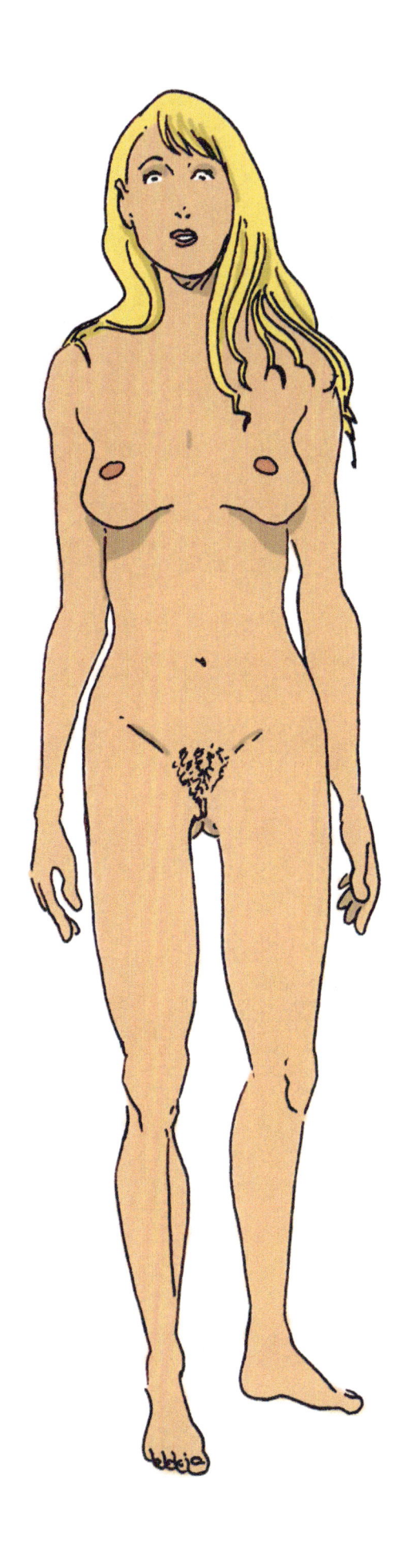

Corps humain - 35 ans H

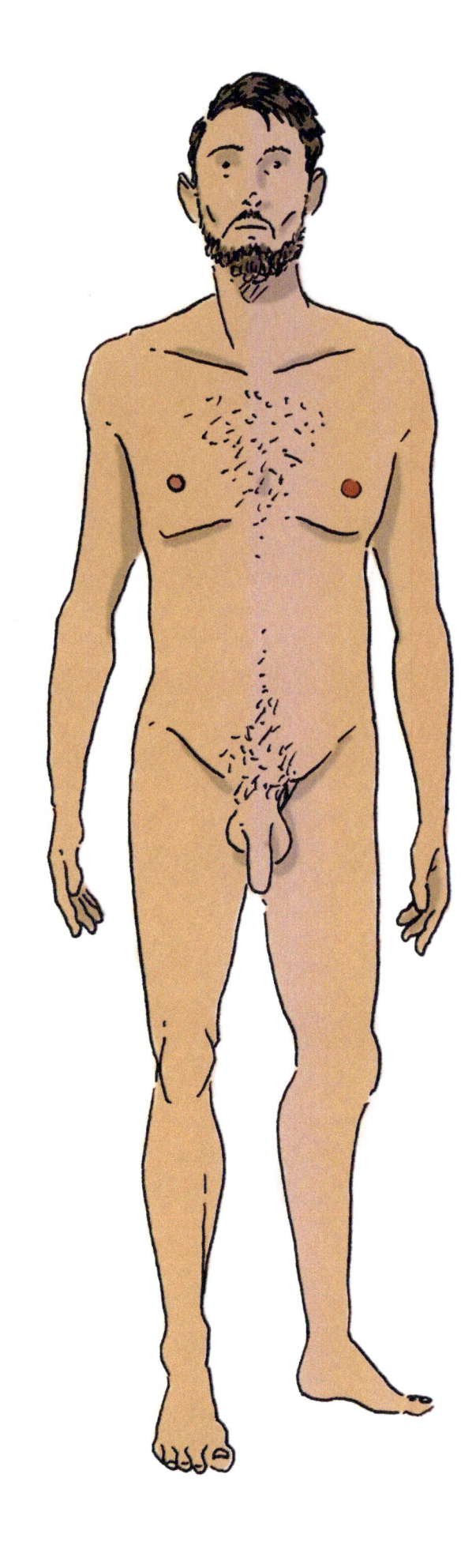

Corps humain - 65 ans F

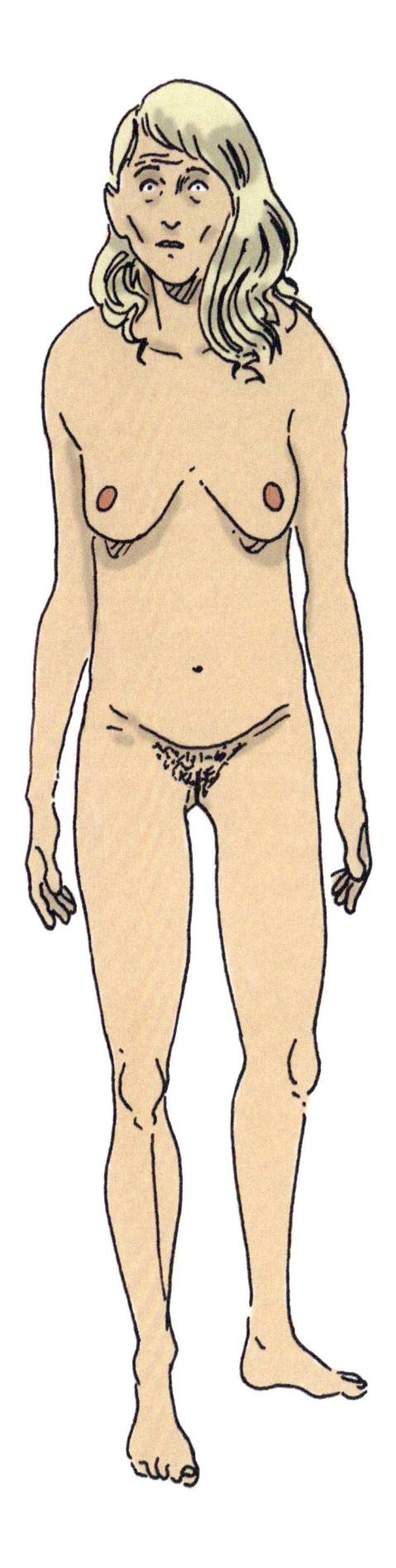

Corps humain - 65 ans H

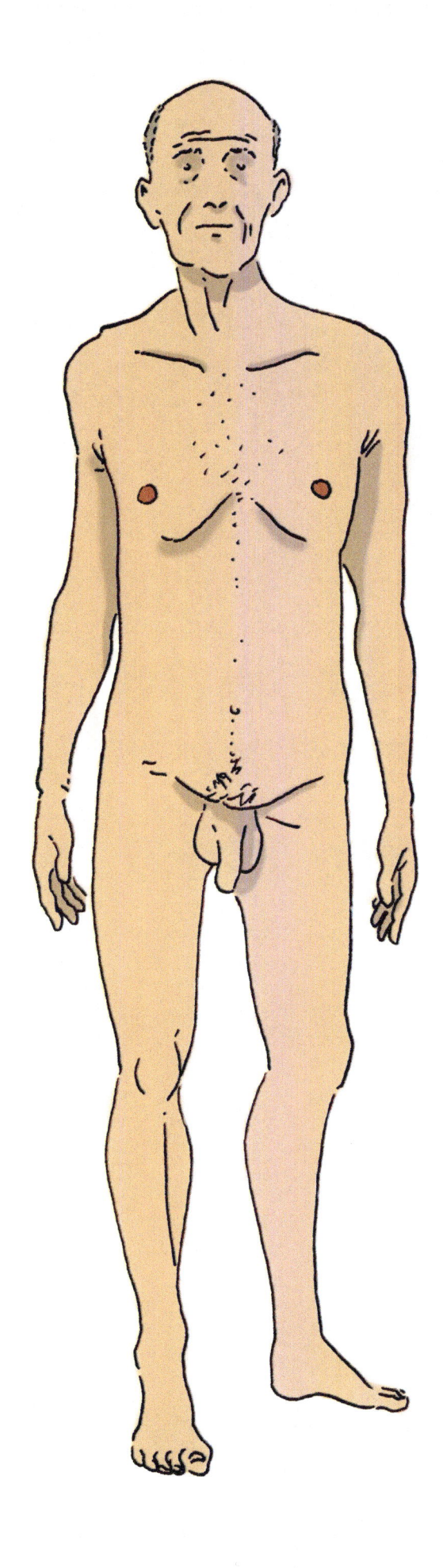

ACCCEPTABLE

INACCEPTABLE

AUTORISÉ

INTERDIT

ÇA DÉPEND

Printed by Amazon Italia Logistica S.r.l.
Torrazza Piemonte (TO), Italy